KB202318

가슴 뛰는
이야기

더 나은 나를 꿈꾸게 하는
가슴 뛰는 이야기

© 김이율 2024

인쇄일 2024년 9월 26일
발행일 2024년 10월 7일

지은이 김이율
펴낸이 유경민 노종한
책임편집 정현석
기획편집 유노북스 이현정 조혜진 권혜지 정현석 **유노라이프** 권순범 구혜진
　　　　유노책주 김세민 이지윤
기획마케팅 1팀 우현권 이상운 **2팀** 이선영 김승혜 최예은
디자인 남다희 홍진기 허정수
기획관리 차은영
펴낸곳 유노콘텐츠그룹 주식회사
법인등록번호 110111-8138128
주소 서울시 마포구 월드컵로20길 5, 4층
전화 02-323-7763 **팩스** 02-323-7764 **이메일** info@uknowbooks.com

ISBN 979-11-7183-055-8(03190)

더 나은 나를 꿈꾸게 하는

김이율 지음

가슴 뛰는 이야기

10
SINCE 2014
유노
북스

당신의 가슴은 뛰고 있는가?
지금 가슴 뛰는 일을 하고 있는가?

지금 당신의 가슴은
두근거리고 있나요?

'가슴이 뛴다.'

이 표현은 우리가 일상에서 흔히 접하는 말이지만 그 속에 담긴 감정은 결코 평범하지 않다. 말 속에는 우리 마음 깊은 곳에서 일어나는 다양한 감정이 응축되어 있다. 즉 감정의 진폭이 극대화될 때 쓰이는 말이다. 마치 바람이 불어와 심장 끝에 매달린 감정선을 흔드는 것처럼 영혼을 일깨우는 강렬한 자극이다.

가슴이 뛴다는 것은 설렘과 기대의 순간을 의미하기도 한다. 좋아하는 사람과의 첫 만남 혹은 오랜 시간 기다려

온 꿈이 눈앞에 펼쳐질 때 우리의 가슴은 두근거린다. 그런 순간의 떨림은 우리가 삶의 빛나는 면을 볼 수 있게 하고 동시에 살아 있음을 강렬하게 깨닫게 해 준다.

그러나 가슴이 뛴다는 것이 언제나 달콤한 것만은 아니다. 중요한 시험을 앞두거나 예측할 수 없는 미래 앞에 서 있을 때는 극도의 긴장과 불안으로 가슴이 뛰기도 한다. 그런 떨림은 불확실한 미래에 대한 두려움이자 우리를 압박하는 현실의 무게에 대한 반응이다.

'가슴이 뛴다'는 감정은 긍정적일 수도, 부정적일 수도 있다. 중요한 것은 이 감정이 어떤 식으로든 우리 일상에 변화를 불러일으킨다는 점이다. 단조롭고 지루한 삶 속에서 어떤 사건이나 경험은 감정을 자극하여 우리를 성장시키고, 새로운 방향으로 나아가게 하며, 때로는 자신을 다시 돌아보게 만들기도 한다.

대학 졸업 후, 취업을 하지 못해 2년 넘게 백수 생활을 한 적이 있다. 라면만 먹는 게 지겨워 짜장면 하나를 시켜 맛있게 먹고 그릇을 대문 앞에 내놓았다.

그런데 반나절이 지나도 배달원이 짜장면 그릇을 찾아가지 않았다. 일이 바쁘니까 회수하는 것을 잊었나 싶었는데, 하루가 지나고 이틀이 지나도 여전히 그릇을 찾아가지 않았다. 그렇게 꼬박 일주일이 지났다. 짜장면 그릇에 파리가 들끓어 볼 때마다 불쾌했다.

나는 대문 옆에 덩그러니 놓인 그 짜장면 그릇을 멍하니 바라보다 문득 울컥하고 눈물이 났다. 마치 연극처럼 세상 모든 조명이 다 꺼지고 탑 조명이 짜장면 그릇과 나만 비추는 것 같았다. 나는 짜장면 그릇 앞에 쪼그려 앉은 채 꺼억꺼억 서럽게 울었다. 짜장면 그릇에서 점점 작아지는 나를 발견했기 때문이다. 짜장면 그릇은 배달원으로부터 잊힌 존재다. 나 역시 백수 생활을 오래 하다 보니 세상으로부터 점점 잊히고 있다는 생각이 들었다. 세상에 대한 존재의 부재를 느낀 것이다.

'이대로는 안 되겠다. 세상 밖으로 나가야겠다. 내가 살아 있다는 걸 알려야겠다.'

짜장면 그릇 사건 이후 나는 달라졌다. 갈피를 잡지 못했던 꿈에 맹목적인 믿음을 갖고 본격적으로 글을 쓰기 시작했다. 그리고 그해 겨울, 기적적으로 신춘문에 당선이라는 영광을 얻을 수 있었다. 짜장면 그릇은 나를 한없이 가슴 아프게 했지만, 결과적으로 내 인생의 궤도를 바꾸는 결정적인 계기를 마련해 주었다.

앞서 말한 것처럼 내게 일어나는 사건과 경험이 인생에 어떤 영향을 끼칠지는 아무도 모른다. 하지만 분명한 건 그런 것들이 내가 살아 있음을 느끼게 하고 움직이게 만든다는 사실이다.

우리는 내일의 일을 미리 알 수 없다. 그렇다고 무슨 일이 일어날지도 모르는 막연한 두려움으로 하루를 보내는 게 옳은 걸까? 스스로 가슴 뛰는 일을 찾고, 도전하고, 실패하고 마침내 성취하는 게 훨씬 더 생산적이지 않을까?

우리는 때때로 삶의 소용돌이 속에서 표류한다. 무의미하게 반복되는 일상을 보내다 보면 심장은 점점 느리게 뛰며 그저 살기 위해 자리한다.

하지만 인간은 본래 그런 존재가 아니다. 우리 가슴에는 세상을 바꿀 수 있는 열정과 한계를 뛰어넘을 힘이 숨어 있다. 그리고 그 힘은 다시 불타오르기를 간절히 기다리고 있다.

이 책에 담긴 이야기는 그런 힘을 깨우기 위한 도전의 출사표다. 당신이 얼마나 강력한 존재인지, 얼마나 위대한 일을 할 수 있는지 확실하게 확인하라. 두려움을 떨쳐내고 주저함을 버리며 늘 꿈꿔 왔던 삶을 향해 나갈 수 있도록 다짐하라.

당신의 새로운 이야기가, 가슴 뛰는 인생이 지금 이 순간 시작된다.

차 례

프롤로그 지금 당신의 가슴은 두근거리고 있나요?   005

1장

자신만의 길을 가는
사람들에게
용기

끝없는 담금질이 장인을 탄생시킨다   017

백발노인도 마라톤을 완주하게 하는 힘   021

그들의 소득이 10배 차이 나는 이유   026

모든 계획은 행동할 때 의미가 있다   032

살아 있는 나무는 매년 새순이 돋아난다   038

자신의 이름을 브랜드로 만들어라   042

중요한 건 약해지지 않는 마음이다   050

고민은 짧고 굵게, 행동은 빠르고 확실하게   055

뜻이 확실하다면 과감히 발을 담가라   061

인간은 완벽하지 않기에 더 아름답다   066

2장

새로운 일에 도전하는 사람들에게

성장

어색하고 불편한 순간 혁신이 꿈틀거린다   073

얻고자 한다면 움직여야 한다   077

절망은 항상 희망과 함께 다닌다   083

변화 없는 성공은 절반만 성공이다   088

같은 강에 발을 두 번 담글 수는 없다   093

우리는 때로 성공이 아닌 실패에서 배우기도 한다   098

넘어지면 돌이라도 주워라   102

살아온 날보다 살아갈 날들이 더 소중하다   107

죽은 시간은 흘려보내야 한다   113

한쪽 문이 닫히면 다른 쪽 문이 열리기 마련이다   117

3장

좋은 인연을 맺고 싶은
사람들에게

관계

아주 작은 공통점이 아주 큰 유대감을 만든다   125

달은 스스로 빛나지 않는다   130

라이벌은 나의 거울이다   135

혼자서는 생기지 않을 일   140

친구는 수보다 깊이가 중요하다   147

인정과 칭찬보다 좋은 당근은 없다   151

누구에게나 살아갈 이유가 있다   155

질투는 나를 향해 던지는 칼이다   160

남과 비교하지 말고 나와 비교해야 한다   164

모른다는 것을 알 때 변화가 시작된다   168

4장

지금 무언가를 시작하는 사람들에게

끈기

우리는 스스로 두려움에게 먹이를 준다   175

모든 일은 때가 있다   179

할 일과 하지 않아야 할 일을 구분하라   183

장고 끝에 악수 둔다   188

하늘은 결코 쉽게 무너지지 않는다   193

거의 모든 답은 당신의 심장에 달려 있다   198

있는 그대로 특별한 순간을 찾아서   202

인생은 내가 가진 보물을 찾는 여정이다   207

나의 궤도에서 나만의 속도로 가라   212

강인한 정신력은 육체의 한계를 뛰어넘는다   216

1장

자신만의
길을 가는
사람들에게

용기

끝없는 담금질이
장인을 탄생시킨다

장인이 되려면 단순한 반복의 시간을 넘어 지속적인 성숙의 세월을 겪어야 한다. 오랜 시간 동안 자신만의 기술을 연마한 사람만이 과거의 경험과 지혜를 현재의 작업에 녹여 내고 이를 통해 미래의 가치를 창출할 수 있다.

장인은 촉박하거나 분주하지 않다. 소의 걸음으로 우직하게 천 리를 간다는 우보천리(牛步千里)와 같다. 남들에게는 답답하게 보일지 모르지만 그렇지 않다. 누구보다도 빨리 달리고 있으며 누구보다도 깊이 고민하고 있다. 대가(大家)가 된 사람은 그 자리에 저절로 오른 게 아니다. 반드시 대가(代價)를 지불해야만 가능한 일이다.

현대 미술의 거장 파블로 피카소의 일화가 있다. 어느 날 피카소의 작업장에 당대 최고의 첼리스트 모리스 장드롱이 찾아왔다. 그가 피카소를 찾아온 이유는 그림을 의뢰하기 위해서였다.

"첼로는 내 인생의 전부입니다. 피카소 선생님께서 그린 첼로 그림을 소장하고 싶습니다."
"알겠습니다. 그림을 그려 드리겠습니다."

이후로도 둘은 몇 번을 더 만났다. 장드롱은 피카소에게 그림 작업이 잘 진행되고 있는지 묻고 싶었지만, 괜히 실례하는 것 같아 그냥 아무 말도 하지 않았다. 10년이란 세월이 지난 어느 날, 피카소는 장드롱에게 그림 한 점을 내밀었다. 멋지게 그린 첼로 그림이었다.

"오, 이럴 수가! 저는 피카소 선생님께서 제 의뢰를 잊으신 줄로만 알았습니다."
"그럴 리가 있나요. 날마다 첼로 그리는 연습을 했죠.

10년이 지난 후에야 비로소 마음에 드는 첼로를 그릴 수 있었습니다. 그래서 이제야 드리는 겁니다."

진정한 가치는 하루아침에 만들어지는 것이 아니다

요즘 쇼츠 같은 짧은 형식의 콘텐츠가 인기다. 이런 콘텐츠는 사용자가 빠르게 정보를 얻거나 즐거움을 느낄 수 있도록 돕는 즉각적 보상을 제공한다. 스마트폰의 알림 소리, 소셜 미디어에서의 '좋아요'와 웹툰도 이와 같다. 이들 모두 아주 빠른 반응 속도를 자랑한다.

우리는 오래전부터 빠른 성과와 보상에 익숙해져 점점 빠름에 중독되기 시작했다. 당장 눈앞에 결과물이 도출되지 않으면 견딜 수가 없고, 수시로 독촉하다 불안과 우울감에 휩싸이고, 기다리는 걸 잊어버려 쉽게 지치고 포기하고는 한다. 그러다 보면 배움이나 성장의 기회를 놓치고 장기적인 목표와 숙성하는 시간의 의미를 잊는다.

세상은 변하고 있다. 그런데도 변하지 않는 것이 분명 있다. 그것을 우리는 진리라고 부른다. 만약 입맛을 돋우는 신김치를 먹고 싶다면 김치가 익을 수 있는 시간이 필요하다. 그래야만 예술적인 맛을 만날 수 있다.

변화를 위한 용기

시간이 흘러야만 의미를 지니는 것들이 있다.

백발노인도
마라톤을 완주하게 하는 힘

러시대학 신경심리학자 파트리샤 보일 교수는 노화 과정에서 뇌 조직이 기능을 상실해 가는 알츠하이머에 많은 관심이 있었다. 어느 날 그는 알츠하이머에 관한 흥미로운 실험을 했다. 그는 80세 전후 노인 900여 명에게 질문했다.

"어르신은 지금 인생의 황혼기에 있습니다. 지금도 분명한 삶의 목표를 갖고 계십니까?"

질문에 진지하게 답변하는 노인들이 있는가 하면, 허허

웃으며 손사래를 치는 이들도 있었다. 그들은 다양한 답변을 내놓았다.

"비록 늙었지만 내게도 당연히 삶의 목표가 있지. 봄이 되면 노인 센터에서 사교춤을 배울 거야!"

"나는 방학이 되면 손자와 함께 일주일 정도 여행을 떠나고 싶어! 그래서 돈을 벌어야 해. 일자리를 구하기가 쉽지는 않겠지만⋯. 그래도 여기저기 알아보려고 해."

"죽음만 바라보는 나이인데, 목표는 무슨⋯."

"하루하루 그냥 사는 거지 뭐. 삶의 목표? 그런 건 젊었을 때 이야기지."

노인들은 삶의 목표가 있는 A 집단과 삶의 목표가 없는 B 집단으로 확연하게 갈렸다. 보일 교수는 두 집단의 알츠하이머 발병률을 자세히 비교 분석했다.

그 결과 놀라운 사실이 밝혀졌다. 삶의 목표가 있다고 대답한 노인들은 목표가 없다고 대답한 노인들에 비해 알츠하이머 발병률이 현저하게 낮았던 것이다. 특히 목표

의식이 가장 강한 상위 10%에 해당하는 사람들은 목표 의식이 가장 낮은 하위 10%의 사람들에 비해 알츠하이머에 걸리는 비율이 무려 네 배나 낮았다. 즉 목표는 신체 기능을 좋게 하고 스트레스를 유발하는 호르몬 분비를 억제하여 치매를 예방함으로써 건강한 삶을 살도록 도와준다 볼 수 있다.

목표 의식은 마음의 자물쇠를 여는 열쇠다

어느 백발노인이 이른 아침부터 열심히 달리기를 한다. 점심이 되기 전까지 쉬지 않고 달린다. 사람들이 보기에 다소 무리하게 운동하는 듯하다.

"몇 개월 후에 있을 마라톤 대회에 출전할 겁니다. 전체 1등은 어렵겠지만 적어도 60세 이상 참가자 중에서는 1등을 하는 게 목표입니다."

사람들은 젊은 사람도 엄두 내기 어려운 마라톤을 팔순이 다 되어 가는 노인이 어떻게 완주할 수 있겠냐며 황당하다는 표정을 지었다.

하지만 노인은 사람들의 시선과 반응 따위는 신경 쓰지 않고 묵묵히 달릴 뿐이었다. 노인 옆에는 항상 그가 기르는 큰 개 한 마리가 따라다녔는데, 노인이 달리기를 할 때면 그 개도 노인과 함께 달리곤 했다.

운동을 마치고 집으로 돌아온 노인은 달린 직후임에도 쉬지 않고 거실을 빙빙 돌며 몸을 풀었다. 그런데 개는 노인과는 영 딴판이었다. 개는 거실로 들어오자마자 체력이 바닥났는지 거실 한가운데에 죽은 것처럼 큰대자로 쭉 뻗어 버렸다. 노인은 팔팔한데 개는 왜 그렇게 기진맥진했던 것일까? 차이는 바로 목적의식에 있다.

노인은 마라톤에 출전하여 60세 이상 참가자 중 1등을 하겠다는 뚜렷한 목표가 있었다. 따라서 그는 지치지 않고 하루하루 삶의 활력을 느끼며 생활할 수 있었다. 반면 개는 아무런 목표 없이 그저 주인이 뛰니까 덩달아 뛰었기 때문에 금방 지쳐 버리고 만 것이다.

목표는 인생 전반에 지대한 영향을 끼치는 신선한 자극

제이자 활력소다. 나태함을 멀리 쫓아내며 마음을 긴장시키고 적극적인 행동을 유발한다. 이는 또한 자신의 인생을 더 많이 사랑하겠다는 다짐이며 좀 더 적극적이고 도전적으로 삶을 살겠다는 의지의 표현이다. 이렇듯 분명한 삶의 목표를 세우면 해야 할 일이 뚜렷이 보이고 살아가야 하는 이유를 깨달을 수 있다.

변화를 위한 용기

목표를 세우는 것만으로 삶은 바뀌기 시작한다.

그들의 소득이
10배 차이 나는 이유

하버드경영대학원에서 흥미로운 설문 조사를 한 적이 있다. 연구진은 졸업생들에게 질문을 던졌다.

"당신의 인생에서 꼭 이루고 싶은 목표가 있습니까? 그 목표를 이루기 위해 어떤 구체적인 계획을 세웠습니까?"

연구진은 답변을 토대로 졸업생들을 크게 세 개 그룹으로 구분했다. A 그룹(84%)은 졸업 후 무슨 일을 할 것이고 무엇을 성취하고 싶은지 등 미래에 관한 구체적인 계획과 목표가 없었다. B 그룹(13%)은 목표가 있다고 대답했지만, 그 목표를 이루기 위한 계획을 구체적으로 문서화하지는 않았다. 오직 C 그룹(3%)만 목표를 구체적으로 문서화한 뒤 보관하고 있었다. 시간이 지난 뒤 이들의 운명은 어떻게 변했을까?

10년 지난 뒤 이 세 그룹의 소득을 분석해 보니 놀라운 결과가 나왔다. C 그룹의 평균 소득이 나머지 그룹보다 최대 10배나 많았던 것이다. 실험은 같은 출발선에 서 있더라도 목표 설정과 구체적인 계획이 있고 없음이 미래와 인생을 크게 좌우한다는 것을 명확하게 증명했다.

오르려는 산은 높을수록 좋다

미국을 대표하는 비즈니스 컨설턴트이자 동기 부여 상담가인 스티브 챈들러는《꿈을 이루게 해주는 특별한 거짓말》에서 자신의 일화를 소개했다. 그는 세일즈를 하는 친구와 다음과 같은 대화를 주고받았다.

"자네, 이번에 10만 달러 매출을 올려 팀에서 최고 직원에 뽑혔다며?"

"응. 내년 이맘때는 14만 달러를 달성하고 싶어."

"그 정도로는 약해. 목표 수치를 좀 더 크게 잡아 보라고! 자신감을 갖고 노력하기만 한다면 월 20만 달러 매출도 충분히 올릴 수 있어!"

그러자 친구는 두 눈을 동그랗게 뜨며 손을 내저었다.

"스티브, 그건 내게 무리야. 10만 달러도 간신히 달성했는데…. 1년 후 14만 달러 달성도 너무 무리하게 세운 목표가 아닐까 걱정하고 있던 참이야. 그런데 어떻게 월 20만 달러씩이나 매출을 달성한단 말인가?"

"충분히 가능해! 사람은 분명한 목표가 생기면 그에 맞게 움직이게 되어 있거든. 겁먹을 필요 없어. 이미 자네는 멋지게 시작했잖아! 같이 한번 열심히 해 보세!"

친구는 월 20만 달러의 매출을 올리기 위해 머리를 싸매고 궁리하기 시작했다.

"한 명 한 명 일일이 고객을 찾아다니는 방식으로는 매출을 획기적으로 끌어올리는 데 분명 한계가 있어. 그러니 호텔 룸에 고객들을 한꺼번에 모아 놓고 설명회를 개최하는 게 좋지 않을까! 스티브, 자네 생각은 어때?"

"참 좋은 생각이군! 내가 뭐랬나? 목표가 분명해지니까 행동도 적극적으로 바뀌고 이렇게 좋은 아이디어도 금방 나오잖아!"

스티브의 친구는 목표를 달성하기 위해 한시도 쉬지 않고 열심히 뛰어다녔다. 고객들을 설명회장으로 끌어모으기 위해 전화도 하고, 직접 찾아다니기도 하고, 적극적으로 홍보도 했다. 결국 그는 설명회에서 기대 이상의 성과를 거두었다.

현재 스티브의 친구는 매월 어느 정도의 매출을 올리고 있을까? 약간의 편차는 있지만, 그는 목표대로 20만 달러 내외의 매출을 꾸준히 달성하고 있다.

만약 그가 애초의 생각대로 목표를 '1년 안에 14만 달러'로 잡았다면 어땠을까? 아마도 잘해야 14만 달러를 겨우 달성했을 것이고, 평균적으로는 10만 달러를 겨우 넘기는 수준이었을 것이다.

원리를 좀 더 확장해 보자. 60세가 될 때까지 100억 원을 벌겠다는 목표를 세운 사람과 그때까지 10억 원을 벌겠다는 목표를 세운 사람은 실제로 60세가 됐을 때 어떤 차이가 날까?

100억 원을 목표로 잡은 사람은 60세에 100억 원까지는 달성하지 못하더라도 최소 10억 원 정도는 무난히 달성할 가능성이 크다. 왜냐하면 그는 자신의 인생을 위해 100억 원짜리 노력을 기울였을 것이기 때문이다.

하지만 10억 원을 목표로 한 사람은 60세까지 10억 원을 모을 가능성이 거의 없다. 10억 원이라는 돈은 그가 목표로 잡은 최대치인데, 그 목표를 달성해 가는 과정에서 너무나 많은 변수가 방해할 것이기 때문이다. 즉 사고의 스케일을 넓히면 현실의 스케일도 함께 확장된다.

이것이 바로 목표가 가진 힘이다. 목표가 있으면 사람

들은 그 목표에 집중하게 된다. 또한 목표가 크고 분명할수록 더 많은 에너지와 잠재력을 이끌어 낸다.

변화를 위한 용기

높은 곳을 바라보고 움직이면 어느새 그 지점에 다다를 것이다.

모든 계획은
행동할 때 의미가 있다

목표가 있다고 모든 사람이 성공적인 인생을 사는 것은 아니다. 목표와 성취 사이에는 우리가 반드시 극복해야 할 것들이 있기 때문이다. 목표를 달성하기 위해 반드시 지켜야 할 원칙은 무엇이 있을까?

• 행동이 답이다

유명 코미디언이자 세계적 베스트셀러 작가 앤디 앤드루스는 《폰더 씨의 위대한 하루》를 통해 많은 사람에게 희망과 영감을 불어넣어 주었다. 주인공 폰더 씨는 마법의 힘에 이끌려 일곱 명의 사람을 차례로 만나게 되는데,

그중 한 명이 체임벌린 대령이다. 체임벌린 대령은 적군과 전쟁을 치르고 있다가 폰더 씨에게 말을 꺼낸다.

"나는 학교에서 수사학을 가르치는 선생이었습니다. 그런 나에게 뭔가 배울 것이 있다고 생각되지는 않습니다. 나는 비록 직업이 교사지만 마음속에는 열정이 가득하고 리더가 되고 싶은 야망이 있습니다. 이 불쌍한 병사들….

북군 지도자들은 전술과 전략에 대해 너무나 무지합니다.

하지만 폰더, 나는 끈질긴 사람입니다. 그게 내가 이 전투에서 발휘할 수 있는 가장 큰 장기지요. 내 마음 깊은 곳에는 무기력과 무능력을 증오하는 마음이 있습니다. 어쩌면 나는 오늘 죽음을 맞게 될지도 모르지만, 등에 총알이 박힌 채 죽지는 않을 겁니다.

나는 결코 후퇴하다가 죽지는 않을 거예요. 그런 점에서 나는 사도 바울 같은 사람입니다. 사도 바울은 '나는 이것 한 가지는 확실하게 압니다. 나는 나의 목표를 향해 줄기차게 나아갈 뿐입니다'라고 바울은 말했지요."

체임벌린의 말처럼 우리는 목표를 향해 줄기차게 나아가야 한다. 힘껏 전진하고 행동해야만 제대로 된 결과물을 얻을 수 있기 때문이다.

삶은 단지 심장이 뛴다고 기계적으로 호흡하는 것을 의미하지 않는다. 삶은 구체적인 행동과 실천으로 이루어진다. 그러니 목표를 세웠으면 그 목표에 행동을 더하라. 그러면 놀라운 기적을 경험하게 될 것이다.

• 차곡차곡 성취감 쌓기

마라톤 완주를 목표로 하는 사람이 기초 체력도 갖추지 않은 상태에서 처음부터 풀코스에 도전한다면 당연히 실패할 것이다. 풀코스를 완주하기 위해서는 계단을 오르듯 한 단계씩 차분히 준비하고 도전해야 한다.

처음에는 가벼운 조깅으로 트레이닝을 시작하고, 운동장이나 집 근처를 가볍게 돌면서 몸이 달리기에 적응할 수 있도록 해 준다.

어느 정도 뛰는 것에 거부감이 사라졌다 싶으면 차츰 거리를 늘려 보고, 실전 훈련으로 단축 마라톤 경기에 참여한다. 5㎞, 10㎞ 몸이 익숙해지면 하프 마라톤에 도전하고, 자신감이 붙으면 그때서야 마라톤 풀코스 완주를 목표로 하는 때가 온다.

성공도 습관이다. 그 습관들이 모여 나중에 더 큰 기적을 만든다. 천천히 작은 목표를 성취하면서 조금씩 자신감을 키워 나가는 게 중요하다.

• 시련의 과정 받아들이기

길에서 활짝 핀 꽃을 보면 누구나 아름답다는 생각을 한다. 그러나 우리는 꽃 한 송이를 피우기 위해 얼마나 많은 인고의 시간이 필요한지는 별로 관심을 두지 않는다. 이 세상에 우연히 피어나는 꽃은 없다. 온몸에 흙먼지를 맞으며, 비바람에 휘청거리며, 해충들의 습격을 받으며 피어나는 게 바로 꽃이다.

성공 역시 별반 다르지 않다. 성공으로 가는 과정에는 반드시 시련과 고난이 따르기 마련이다. 그것을 이겨 낸 자만이 인생의 꽃을 피워 진한 향을 퍼트릴 수 있다.

분명한 목적지는 삶의 이정표가 되어 준다

터미널은 사람들로 붐빈다. 사람들은 어디론가 떠나기 위해 매표소에서 표를 사고 여러 대의 버스 중에서 자신이 가야 할 목적지가 적힌 차에 탑승한다. 그리고 출발한다. 표를 사고, 차를 타고, 어딘가로 이동하는 게 순조롭게 진행되는 이유는 모두 가고자 하는 목적지가 분명하게 정해져 있기 때문이다.

목적지를 정하지 않은 사람은 갈팡질팡한다. 어디를 향해 가는 표를 사야 할지, 어느 차를 타야 할지도 알지 못한다. 목적지가 없으므로 자꾸만 서성거리고 눈만 끔벅거리며 시간을 허비한다.

삶이 당신에게 "지금 어디 가는 길인가요?" 하고 묻는다면 뭐라고 대답할 것인가? "잘 모르겠습니다"라고 얼버무릴 것인가? 아니면 "내가 가려고 하는 곳은 바로 저기입니다"라고 정확히 대답할 것인가? 그 대답의 차이가 운명을 결정짓는다!

기계는 멈춰 있으면 녹슬고 물은 고여 있으면 썩는다.

사람도 마찬가지다. 흐르는 물처럼 계속 움직이지 않으면 차츰 의욕도 떨어지고 의기소침해지고 결국에는 무기력한 인생이 되고 만다. 기쁨도 없어지고 활력도 사라진다.

지금 당신의 삶이 무기력하게 느껴진다면 망설이지 말고 당장 구체적인 목표를 세워라. 그 목표가 당신을 움직이게 하고 성장시킬 것이다. 목표가 곧 당신의 인생이다.

변화를 위한 용기

가야 할 곳을 아는 사람은 발걸음에 망설임이 없다.

살아 있는 나무는
매년 새순이 돋아난다

백발이 될 때까지 치열하게 시를 쓰고 후학을 양성하는 일에 열정을 바친 19세기 최고의 시인 헨리 워즈워스 롱펠로. 그는 인생을 살며 가슴 아픈 경험을 겪는다. 그는 두 명의 아내를 모두 잃고 말았다. 첫 번째 아내는 오랜 투병 생활 끝에 죽었고, 두 번째 아내는 갑작스러운 화재로 비참한 최후를 맞았다. 사랑하는 아내를 먼저 하늘나라에 보내야 했던 그의 심정은 얼마나 비통하고 참담했을까. 그런데도 그의 시는 수줍은 소녀의 마음처럼 곱고 아름답기만 했다.

어느 날 한 기자가 물었다.

"선생님은 그 누구 못지않게 마음속에 슬픔이 많을 텐데, 어떻게 시 한 편 한 편에서 이토록 맑고 투명한 향기가 느껴질 수 있는 걸까요?"

롱펠로는 정원에 있는 나무를 가리키며 말했다.

"저 나무를 보세요. 우리 인간들보다 훨씬 더 오래 산 나무입니다. 그런데도 해마다 탐스러운 열매를 맺지 않습니까? 이는 매년 가지에서 새순이 돋아나기 때문이죠. 우리 삶도 그렇습니다. 슬프다고 생각하면 한없이 슬프지만, 기쁘다고 생각하면 어떤 어려움 속에서도 살아갈 힘이 생기는 것입니다!"

어떤 상황에서도 우리는 꿋꿋이 살아가야 한다. 어제보다 오늘이, 오늘보다 내일이 더 행복해야 하기 때문이다.

어제보다 나은 오늘을 살기 위해
할 일이 없으면 나태해지고 무기력해지기 쉽다. 그러다

보면 사람을 갉아먹는 쓸데없는 몽상과 걱정만 늘어 가게 마련이다. 그런 생활이 반복되면 생각은 자꾸만 과거의 늪에 빠지고, 선택과 실패에 대한 후회와 한탄으로 하루하루를 보내게 된다.

당장 뚜렷하게 할 일이 없으면 뭔가 몰입할 수 있는 일을 찾아라. 관심 있는 분야의 책을 사서 읽는다든지, 땀 흘리며 운동을 한다든지, 친한 친구를 만난다든지 하는 식으로 라이프 사이클을 바쁘게 움직여라.

몸과 마음을 쏟아부어 할 일이 있다는 것만으로도 자신을 괴롭히는 나쁜 기억들은 저만치 달아나게 될 것이다. 매일 아침 아래 세 가지를 다짐하고 행동으로 옮겨 보라.

"오늘을 _____ 보내겠다."

"오늘은 _____ 가야겠다."

"오늘은 _____ 만나겠다."

현명한 사람은 매일매일 새로운 삶을 산다. 오늘에 충실하고, 오늘에 열정을 쏟고, 오늘의 행복을 느끼며 살아가는 것이 바로 성공을 차곡차곡 저축하는 일이다.

미래에 대한 꿈과 비전은 지금 우리 눈앞에 보이는 현상보다 훨씬 강력한 힘을 발휘한다. 비전이 있는 사람은 용광로처럼 언제나 가슴이 뜨겁고 손과 발이 바삐 움직이며 어린아이처럼 창의적이다. 앞을 향해 열심히 걸어가는 자만이 과거를 추억하며 즐길 여유를 가질 수 있다.

변화를 위한 용기

항상 오늘을 살며 내일을 생각하라.

자신의 이름을
브랜드로 만들어라

요즘 TV를 보면 빠지지 않고 나오는 단골 뉴스가 있다. 바로 실업 문제다. 중고등학교에 다닐 때는 누구나 성적 때문에 고민하지만, 대학을 졸업하고 세상에 나가면 그보다 몇 배 더 큰 걱정거리가 어깨를 짓누른다.

갈수록 취업률이 떨어진다는 소식을 접할 때마다 당사자는 물론이고 부모도 자식 걱정에 제대로 잠을 이루지 못한다. 취직하기가 하늘에 별 따기라는 말은 결코 엄살이 아니다.

잡코리아는 2024년 졸업 예정자 505명을 대상으로 이런 질문을 했다.

"당신은 직장을 구하기 위해 몇 번이나 입사 지원을 했습니까?"

신입 취업 성공자들은 평균 16곳의 기업에 입사 지원서를 제출했으며, 서류 전형에 통과해 면접을 본 횟수는 평균 6회였다. 수없이 퇴짜를 맞았다는 뜻이다. 예전에는 노동력이 기업을 이끄는 중요한 요소로 작용했다. 거래처에 보낼 문서나 서류도 사람이 직접 들고 갔고, 물건을 나르는 일이나 차에 싣는 일도 사람이 직접 했다.

그러나 지금은 어떤가? 사람의 노동력을 기계나 컴퓨터, 자동화 기기 등이 대신한다. 경제가 회복되고 기업이 연일 최고치의 매출을 올린다고 해도 당장 실업 문제가 해결되는 건 아니다. 앞으로 시간이 더 흐른다고 해도 취업하기는 여전히 힘들 것이다.

운 좋게 취업을 해도 모든 게 다 해결되지는 않는다. 취업한 후에도 살아남기 위한 전쟁은 계속된다. 직장도 고용 시장이다. 나라는 존재를 적극적으로 알려야만 상사에게 인정받을 수 있다.

평생직장이라는 개념은 진작에 사라지고 없다. 한 회사를 오래 다닌다고 이후의 삶이 저절로 보장되지도 않는다. 물론 자신이 속한 직장에서 최선을 다해야겠지만 동시에 언제든지 이직할 수 있는 마음의 준비를 해 두어야 한다. 이직이 일상화된 시대에 자신의 이름을 널리 알리지 못한다면 다른 직장으로 옮기는 일도 쉽지 않다. 결국 직장이든 인생이든 살아남기 위해서는 개인 브랜드 구축이 중요하다.

아메리칸 온라인 타임워너 회장 스티브 케이스도 이런 말을 했다.

"향후 브랜딩은 점점 더 중요한 문제로 부각될 것입니다. 왜냐하면 시대의 변화가 점점 더 빨라지고, 복잡해지고, 경쟁도 치열해질 것이기 때문입니다. 따라서 앞으로 브랜드의 중요성이 갈수록 더 절실히 요구될 것입니다. 이것은 기업만이 아니라 개인에게도 동일하게 적용되는 문제입니다."

브랜드는 상품이나 연예인 혹은 정치인에게만 필요한 것이 아니다. 취업을 위해서든, 이직을 위해서든, 개인 사업을 위해서든 확고한 개인 브랜드는 필수 조건이다. 준비되어 있지 않다면 위기 상황이 닥쳤을 때 살아남을 가능성이 낮아질 수밖에 없다. 아무도 나를 찾아 주지 않고 인정하지 않으면 자연스레 도태된다. 나의 몸값은 나 스스로 높이지 않으면 그 누구도 대신 높여 주지 않는다.

10분 안에 인생을 담아야 한다면

개인 브랜드 구축에 있어 실력 못지않게 중요한 것이 용기와 도전 정신이다. 실력을 쌓았다면 그 실력을 활용할 수 있는 장을 마련해야 한다. 기회는 자주 오지 않는다. '이거다' 싶으면 과감히 밀고 나가야 한다. 실력이 뛰어나도 그 실력을 제대로 보여 주지 못한다면 소용이 없다.

제대로 된 실력에 용기와 도전 정신이 더해질 때 얼마나 많은 기회가 생기는지 잘 보여 준 인물이 있다. 강연가 헤럴드 셔먼은《실패를 성공으로 만드는 법》에서 '프라이스 카피 앤드 로그 뉴스'라는 회사에 자신이 입사하던 당시 상황을 소개한다.

젊은 시절 그는 뉴욕에서 프리랜서 카피라이터로 일했다. 기업 사보나 신문에 글을 쓰기도 하고 광고 회사로부터 의뢰를 받아 신문 광고의 카피를 써 주기도 했다. 프리랜서인 까닭에 비교적 시간이 자유롭긴 했지만 다달이 월급이 나오는 게 아니어서 생활은 어려웠다.

그는 안정된 수입이 보장된 직장을 구하기 위해 프라이스 카피 앤드 로그 뉴스라는 회사에 면접을 보러 갔다. 면접장은 면접을 보러 온 수많은 사람으로 북새통을 이루고 있었다.

'이렇게 많은 사람과의 경쟁에서 과연 내가 살아남을 수 있을까? 취직하기 참 힘드네!'

그때 복도 옆 사무실 안에서 통화하는 소리가 들렸다.

"사장님, 카피가 마음에 안 드셔도 어쩔 수 없습니다.

지금 담당 편집자가 외출 중입니다. 이번만 그냥 가시죠. 예? 광고비를 지급하지 않겠다고요? 사장님! 사장님!"

셔먼은 이때가 절호의 기회라고 판단했다. 그래서 무례한 사람으로 찍힐 각오를 하고 용기 내어 사무실 안으로 들어갔다.

"밖에서 전화 내용을 우연히 들었습니다. 광고 카피가 문제인 모양인데, 제가 한번 써 봐도 되겠습니까?"

"자네는 누군가? 혹시 면접 보러 온 사람인가?"

"예. 그렇습니다."

"그렇다면 옆방으로 가서 빨리 면접이나 보게. 이건 자네가 나설 일이 아니야. 어서 나가게."

"아닙니다. 비록 제가 아직 합격한 상태는 아니지만 제게도 기회를 주십시오. 제가 나서서 한번 해결해 보겠습니다. 최대한 신속하게 카피를 써서 광고주에게 반드시 컨펌을 받아 오겠습니다."

제한 시간은 10분. 셔먼은 쪼그려 앉은 채 끙끙대며 광고 카피를 쓰기 시작했다. 그동안 이런저런 글들을 많이 써 본 경험이 있었던 터라 짧은 시간 안에 그는 썩 괜찮은 카피를 완성할 수 있었다.

"오, 제법이군! 일단 나는 마음에 드네. 이 카피를 들고 텍스타일 빌딩에 있는 폴슨 사장의 사무실을 찾아가 컨펌을 받아 오게."

텍스타일 빌딩에 도착한 셔먼은 폴슨 사장을 만났다.

"사장님, 프라이스 카피 앤드 로그 뉴스에서 새로운 광고 카피를 들고 왔습니다. 한번 읽어 보시겠습니까?"
"아, 그래? 이리 줘 보게. 음… 좋긴 한데, 이렇게 글씨를 휘갈겨 쓴 걸 보니 시간에 쫓겨 대충 쓴 거 아닌가?"
"아닙니다. 그 짧은 한 줄을 쓰기 위해 저는 그동안 수많은 글을 써 왔고 수많은 일을 겪어 왔습니다. 따라서 아무리 짧은 시간 동안 쓴 카피라 해도 그 안에는 제 인생과 제 모든 내공이 담겨 있습니다. 마음에 드신다면 어서 컨펌해 주십시오. 이 카피에 제 미래가 달려 있습니다.”

결국 셔먼은 카피를 컨펌 받아 무난히 취직할 수 있었고, 이후 폴슨 사장과도 사이가 가까워졌다. 셔먼이 짧은 시간 안에 멋진 카피를 쓸 수 있었던 건 결코 운이 좋아서가 아니라 피나는 땀과 노력을 통해 갈고닦아 둔 실력이 뒷받침되어 있었기 때문이다. 적극적인 도전 정신은 없던 기회도 만들어 낸다.

변화를 위한 용기

기회는 자신이 만드는 것이다.

중요한 건
약해지지 않는 마음이다

최초의 남극점 정복은 노르웨이의 아문센이 성공했다. 이에 자극받은 영국의 위대한 탐험가 어니스트 섀클턴은 남극점 대신 남극 대륙 횡단을 계획한다. 섀클턴과 탐험 대원들은 도전 정신과 강한 의지로 똘똘 무장하고 있었기 때문에 거칠 것이 없었다. 그러나 그들에게 절체절명의 위기가 닥치고 만다. 목표 지점을 150㎞ 남짓 남겨 둔 상황에서 그들의 배 인듀어런스호가 바다 위를 떠다니는 얼음덩어리에 부딪혀 웨들해 한가운데에서 난파된 것이다. 극한의 상황에서 섀클턴은 애초의 목표를 바꾸지 않을 수 없었다.

"남극 횡단은 힘들 것 같다. 이제부터 우리의 목표는 전 대원 무사 귀환이다!"

엄청난 추위와 공포가 엄습해 오는 환경에서 대원 대다수가 생을 포기하려 했지만, 그는 "스스로 포기하지 않는 한 그 누구에게도 지지 않는다"라며 대원들을 다독이고 용기를 북돋웠다.

부빙 위를 표류하던 그와 대원들은 무려 500여 일 만에 마침내 엘리펀트 섬에 도달한다. 식량은 바닥난 지 이미 오래였고, 영하 70도를 오르내리는 강추위 때문에 상황은 인간이 견딜 수 없는 한계까지 이르게 된다. 섀클턴 역시 고통스럽고 힘들기는 마찬가지였지만, 그는 포기하지 않았다.

"내가 사우스조지아섬에 가서 구조 요청을 할 테니 그때까지 나를 믿고 기다려라!"

섀클턴은 구조 요청을 위해 다섯 명의 대원들과 출발지

였던 사우스조지아섬 기지로 떠났다. 길이 6m의 구명보트를 타고 세상에서 가장 험난한 바다라는 드레이크 해협을 뚫고 1,000㎞ 이상 떨어진 곳에 간다는 건 누가 생각해도 불가능해 보이는 미친 짓이었다.

그러나 그는 물러서지 않고 과감히 도전했다. 손발이 꽁꽁 얼고, 극도의 추위 속에서 며칠 동안 거의 아무것도 먹지 못해 정신이 혼미해졌지만, 그런 상황에서도 포기하지 않고 노를 저어 앞으로 나아갔다. 혹독한 추위 때문에 손과 발이 썩어 갔지만 잠시도 지체할 겨를이 없었다.

그렇게 섀클턴 일행은 엄청난 거리를 이동했고, 기지에 도달하기 위해 해발 3,000m의 얼음산을 도끼로 찍고 로프에 몸을 의지하며 등반했다. 마침내 그들은 기지에 도착해 기적적으로 구조 요청을 할 수 있었다.

28명의 대원은 2년에 가까운 길고 긴 시간을 남극의 부빙과 무인도에서 펭귄과 물개 등으로 하루하루 버티며 단한 명의 낙오자도 없이 전원 영국으로 무사히 귀국할 수 있었다.

포기하지 않고 끝까지 나아갈 수 있다면

섀클턴이 극한의 한계를 넘어 무사히 귀국할 수 있었던 원동력은 무엇일까? 도저히 극복 불가능할 것 같은 상황을 뛰어넘을 수 있게 만든 근원적인 힘은 무엇일까? 죽음도 무릎 꿇게 만든 그 힘의 실체는 도대체 무엇일까? 남들에게는 없는, 오직 섀클턴에게만 있는 그 힘은 과연 무엇일까? 그것은 바로 멈추지 않는 마음, 포기하지 않는 의지, 바로 끈기다. 《자조론》의 저자 새뮤얼 스마일즈는 끈기의 중요성에 대해 이렇게 말했다.

"우리는 뉴턴을 천재로 알고 있습니다. 그러나 이치나 사실을 밝혀내는 가장 쓸모 있는 도구는 상식, 관심, 몰입, 인내와 같은 평범한 자질들입니다. 여기에 천재성은 필요하지 않을 수도 있습니다. 위대한 사람은 천재적인 능력을 그다지 신봉하지 않으며 평범하게 성공한 사람들과 마찬가지로 지혜롭고 끈기가 있습니다. 뉴턴 역시 자신의 성공 비결을 끈기였다고 말할 것입니다."

꿈과 목표를 이루기 위해서는 열정도 중요하지만, 그보다 중요한 건 그 열정을 계속해서 이어 가는 힘, 즉 '끝까지 하는 힘'이다. 《열자》의 〈탕문〉에 우공이산(愚公移山)이란 말이 나온다. 남이 보기엔 어리석은 일처럼 보일 수도 있지만 한 가지 일을 끝까지 밀고 나가면 언젠가는 목적을 달성할 수 있다는 뜻이다.

이 세상에 끈기를 이길 수 있는 것은 없다. 아무리 열정이 대단하고 재능이 탁월하다고 해도 그것만으로는 성공이라는 예술품을 완성할 수 없다. 성공의 끝을 보기 위해서는 결코 멈춰서는 안 된다. 아무리 힘든 상황이 닥쳐도 계속해서 밀고 나갈 수 있는 지속력이 없다면 목표에 닿을 수 없다. 자신의 목표를 달성하는 데 필요한 가장 중요한 열쇠는 바로 끈기다.

변화를 위한 용기

끈기 없이 성공한 사람은 없다.

고민은 짧고 굵게,
행동은 빠르고 확실하게

누구든 새로운 일이 주어졌을 때 많은 생각과 갈등이 생기게 마련이다. 어떤 방식이 효율적이고 생산적인지는 고민이 될 수밖에 없겠지만 고민이 길어지면 거기에 발목 잡혀 결국 아무것도 하지 못하게 된다. 고민은 짧고 굵게 하고 반드시 실천이 뒤따라야 한다.

실천하기 위해선 결단력이 필요하다. 결단력은 강한 자신감과 잠재력을 끌어낸다. 결단력이 강한 사람은 목표를 이루기 위해 더 큰 노력을 기울이고 반드시 해내고 마는 성질이 있기 때문에 발전 가능성이 크다. 조직을 이끄는 사람에게 결단력은 반드시 갖춰야 할 중요한 요소 중 하나다.

세계 최고의 변화 관리 석학인 하버드경영대학원 존 코터 교수는 GE의 전 CEO 잭 웰치의 결단력을 높이 평가했다.

"잭의 결단력은 타의 추종을 불허합니다. 그는 터프가이입니다. 뭔가 위대한 일을 하는 데 있어선 양보가 절대 없습니다. 그는 결단력 있고 단호하게 행동하며 불필요한 사업은 과감히 정리했습니다. 직원들을 많이 해고해 '중성자탄 잭'이라는 별명도 붙었지만, 그는 욕을 먹을 각오로 자신의 의지를 뚝심 있게 밀어붙였습니다.

그 과정에서 단기적으로 일부 사람들은 상처를 받기도 했습니다. 하지만 많은 간부 사원은 그가 느릿느릿 움직이는 정치적 동물로 남는 대신, 오래된 조직을 새롭게 만들고 위대한 일을 하기 위해 대담하게 행동을 실제로 옮겼다는 점에 경의를 표했습니다.

그는 비열해서 그런 게 아니라 대단해서 그런 것입니다. 이는 성과를 못 올린 직원을 바로 불러내 자르는 것을 의미하는 건 아닙니다. 회사 주요 간부의 조카라고 하더라도 성과를 못 올린 경우에는 정면으로 지적할 수 있는 단호함과 용기를 의미하는 것입니다."

잭 웰치의 결단력이 없었다면 GE의 혁신은 꿈도 꿀 수 없었을 것이고, 최고의 기업으로 성장하는 일도 불가능했을 것이다.

샤프의 창업자 하야카와 도쿠지도 결단력의 사나이다. 1950년 샤프는 치명적인 위기를 맞았다. 불황으로 회사 문을 닫아야 하는 상황에까지 이르게 된 것이다. 회사는 은행 측에 구제 금융을 요청해야 했고 은행은 그의 요청을 받아들였다.

그러나 거기에는 조건이 있었다. 바로 전체 사원의 절반을 정리 해고해야 한다는 것이었다. 그는 깊은 고민에 빠졌다. 회사를 살리기 위해서는 어쩔 수 없이 직원들을 해고해야 했다. 하지만 그는 직원들에게 그런 고통을 주고 싶지 않았다.

그래서 차라리 회사를 폐쇄하기로 했다. 그의 이런 결단에 직원들은 감동하여 자발적으로 희망퇴직을 하기 시작했다. 그 후 회사는 기적적으로 다시 살아났고, 퇴직했던 직원들은 한 사람 두 사람 회사로 돌아올 수 있었다.

"망설일 바에는 차라리 실패를 선택하라!"

철학자 버트런드 러셀은 성공을 가로막는 요인으로 우유부단함을 꼽았다. 고민은 어떤 일을 시작해서 생기기보다는 일을 할까 말까 망설이는 데에서 더 많이 생긴다. 성공은 하늘에 맡겨 두는 게 좋다. 불완전한 상태라도 우선 무언가를 시작한다면 이는 한 걸음 앞서는 일이다. 재능 있는 사람이 이따금 무능해지는 것은 성격이 우유부단하기 때문이다. 망설일 바에는 차라리 실패를 선택하는 것이 낫다.

결단력이 있어야 행동력도 생긴다

남에게 의존하게 되는 이유는 자기 자신에 대한 확신이

없기 때문이다. 그렇다면 자기 확신을 높이려면 어떻게 해야 할까?

• 정보와 지식 습득하기

우선 객관적인 정보와 현명한 판단을 내리는 데 요구되는 기본 지식을 갖춰야 한다. 지식 습득에는 독서만 한 게 없다. 독서는 생각을 깊게 만들고 지혜와 통찰력까지 제공하는 마음의 양식이다. 아는 것이 많으면 일단 마음이 든든해지고 남에게 당당할 수 있으며 자신감도 생긴다. 그러다 보면 자연히 결단력이 생긴다.

• 우선순위 정하기

누군가에게 편지나 메일을 보낼 때 무턱대고 쓰기보다는 먼저 메모지에 간단히 기승전결을 적은 후 쓰는 것이 좋다. 그래야 생각도 일목요연하게 정리되고 전달할 내용도 명확해지기 때문이다.

일도 마찬가지다. 우선순위를 정하면 일을 보다 효율적이고 깔끔하게 처리할 수 있다. 결정할 때도 마찬가지다.

우선순위를 정하면 우물쭈물하거나 우왕좌왕할 이유가 없다.

• 즉시 행동하기

정보와 지식과 우선순위에 자신의 소신까지 더해졌다면 이제 망설이지 말고 결정할 때다. 결단을 내리지 못하고 우유부단한 모습을 보이면 남의 눈치 보는 데 급급하다는 인상을 심을 수 있고 무능한 사람으로 비칠 수 있다.

결정과 실천 사이의 간격은 좁으면 좁을수록 좋다. 즉 결정과 동시에 실행에 옮겨야 한다. 실천이 빠르면 빠를수록 고민과 걱정도 줄어들 뿐 아니라 일에 집중할 체력도 생긴다. 결정을 내린 후 즉각 실천하고 이를 반복하면 습관이 된다. 그러면 이내 결단도 더 두렵지 않게 된다.

변화를 위한 용기

생각했으면 결정하고, 결정했으면 행동하라.

뜻이 확실하다면
과감히 발을 담가라

　지구에서 가장 큰 열대우림으로 다양한 식물과 동물들이 서식하는 이곳에는 길이가 약 7,000㎞에 달하는 강이 있다. 이 강은 브라질을 중심으로 페루, 콜롬비아 등 여러 나라로 흐른다. 여기는 '지구의 허파'라고 불리는 아마존이다.

　제프 베이조스는 나름 안정적인 직업과 연봉을 과감히 내려놓고 '세상에서 가장 긴 책의 강을 만들겠다'는 포부로 인터넷 서점 아마존을 창업했다. 하지만 창업이 으레 그렇듯 그의 시작 역시 초라하기 그지없었다. 그는 시애틀 외곽의 작은 차고에 사무실을 마련했다. 그의 거대한 꿈을 담기에는 너무나 협소한 공간이었다.

더군다나 창업 당시만 해도 인터넷은 아직 초기 단계였다. 웹은 주로 정보 제공의 수단으로 쓰였을 뿐 전자 상거래는 보편화되지 않았다. 많은 사람이 전자 상거래에 불안감을 느끼고 있었고 신용 카드 정보를 인터넷에 입력하는 것을 두려워했다.

그러나 베이조스는 인터넷의 잠재력을 느끼고 있었다. 그는 사람들이 책을 구매하는 데 편리함과 다양성을 제공한다면 충분히 승산이 있다고 확신했다.

하지만 당장 그가 넘어야 할 거대한 기업이 있었다. 바로 오프라인 대형 서점 체인 반스앤노블이었다. 이 기업은 이미 미국 전역에 수많은 매장을 두고 있었고 전통적인 방식으로 책을 제공하며 인기를 끌고 있었다.

그는 먼저 세상 사람들에게 아마존을 알릴 홍보 전략을 세웠다. 그건 바로 1등 경쟁 업체인 반스앤노블의 심기를 불편하게 만드는 전략이었다. 아마존은 홍보 문구를 대대적으로 광고했다.

"세계 최대의 서점, 아마존."

반스앤노블은 아마존의 광고에 콧방귀도 뀌지 않았다. 그저 자그마한 잡상인 정도로 취급했다. 그런데 아마존의 광고가 계속되자 사람들의 호기심은 점점 증폭되어 갔다.

'세계 최대 서점이 탄생한 건가?'
'반스앤노블보다 더 큰 서점이 있다는 건가?'

시간이 흐르며 인터넷 서점에 대한 환상이 생겨났고, 아마존에 대한 관심도 점점 커져 갔다. 심기가 불편해진 반스앤노블은 아마존을 밟아 누르려는 움직임을 보였다. 아마존은 실제 서점이 아니며 세계 최대 서점이라는 홍보 문구는 명백한 허위 광고라며 소송을 제기했다.

베이조스에게는 판결의 승패가 중요하지 않았다. 작은 기업과 공룡 기업 간 소송 싸움이 연신 언론에 보도되며 아마존의 유명세는 높아져만 갔다. 그는 사업의 가장 큰 가치인 고객의 만족도를 높이는 것에 몰두하며 시스템 보완과 피드백 강화로 시선을 돌렸다.

"우리 회사는 인터넷을 기반으로 하는 판매 회사입니다. 오프라인 가게와 다릅니다. 실제 서점에서 다섯 명의 불만족 고객이 소문을 내면 많아야 주위 사람 50명에게 전파되겠지만, 온라인은 다릅니다. 다섯 명의 불만족 고객은 삽시간에 5,000명으로 퍼집니다. 다섯 명을 만족시키면 5,000명의 고객을 확보하는 것과 같습니다."

두려움과 함께 잠에서 깨어라

아마존은 기업 가치 2,000조 원이 넘는 회사로 성장했다. 그러나 그는 늘 긴장감을 놓지 않는다. 시장은 끊임없이 빠르게 변화하고 언제 위기가 닥칠지 모르기 때문이다. 그는 한 언론과의 인터뷰에서 이렇게 말했다.

"열심히 일하고 즐겁게 지내면서 역사를 만들어라. 매일매일 두려운 상태로 깨어나라. 우리는 모든 것을 잃을 수도 있다. 단지 두려움을 느끼라고 하는 말이 아니다."

아마존강은 여전히 흐른다. 누군가에겐 그저 아름다운 풍경일 수도 있고 누군가에겐 좋은 기회일 수도 있다. 무언가를 새롭게 시작하고자 한다면 과감하게 뛰어들 수 있는 용기가 필요하다. 실험적 사고를 통해 새로운 아이디어를 검증하고 보완할 연구가 필요하다. 당신도 베이조스처럼 바지를 걷어 올리고 아마존강에 발을 담가 보는 건 어떨까?

변화를 위한 용기

도전은 그 자체로 의미가 있다.

인간은 완벽하지 않기에
더 아름답다

축구 선수 중에 어릴 적 '벼룩'이란 별명을 가진 남자가 있다. 바로 '축구의 신'이라 불리는 리오넬 메시다.

"난 벼룩이 아니야."
"거울 봐. 네 키가 안 보이니?"

그는 유난히 부끄러움이 많은 아이였다. 하지만 축구공에 발을 갖다 댈 때만큼은 벼룩이 아니라 독수리였다. 그는 정확한 판단력과 민첩한 움직임을 바탕으로 상대를 예측하고 전략적으로 행동했다.

그의 실력은 아주 어릴 때부터 눈에 띄었다. 그는 할머니의 권유로 지역 유소년 축구 경기에 참여했는데, 투입되자마자 엄청난 활약을 보였다. 그날부터 본격적으로 그의 축구 인생이 시작됐다. 그의 나이, 네 살 때다.

하루가 다르게 축구 실력은 늘었지만, 그의 키는 참으로 더디게 자랐다. 또래 친구들보다 한참 작았다. 11살 때의 키는 127cm에 불과했다. 축구 선수에게 키는 중요하다. 공중 경합에서의 우위, 신체적 접촉에서의 유리함, 그리고 포지션에 따른 특성 등 키가 커서 나쁠 것은 없다.

어느 날, 메시는 키에 대한 상황을 점검하기 위해 병원을 찾았다. 그런데 의사로부터 청천벽력 같은 이야기를 들었다.

"성장 호르몬 결핍증이라 더 이상 키가 자라지 않을 것 같습니다."

본격적으로 선수 생활을 하기도 전에 사망 선고를 받은

것이다. 그는 깊은 절망에 빠졌다.

"이제 모든 것이 다 끝났어."

그런데 그의 가슴속에서 묘한 기운이 올라왔다. 오기였다. 이대로 끝내기에는 그 어떤 노력도 시도하지 않은 것 같았다. 죽을 만큼 노력해 보고 그래도 안된다면 그때 포기해도 늦지 않다.

"극복하자. 일단 시작하자."

부족함은 절박함을 자극해 그의 천재성을 끄집어냈다. 그는 다시 운동장으로 나왔다. 어느 때보다 더 많은 땀을 흘렸고 더 빠르게 달렸다. 노력은 헛되지 않았다. 그는 작은 키를 속도와 기술로 극복하고 독창적인 드리블을 개발했다. 최대한 몸을 낮춘 후 볼을 몸에 바짝 붙여 빠르게 밀고 가는 방식이었다.

그는 FC 바르셀로나를 거쳐 지금도 세계적인 명문 구

단에서 여전히 맹활약하며 이제는 그 누구도 그의 공을 함부로 빼앗을 수 없는 경지에 이르렀다. 그리고 마침내 누구나 인정하는 축구의 신으로 등극했다.

인간은 완벽하지 않다. 단점과 치부 덩어리다. 그래서 시작도 하기 전에 미리 두려움과 불안감에 휘둘리기도 한다. 완벽함은 때때로 우리를 주저하게 만들고 중요한 기회를 놓치게 한다. 그러므로 지금 당장 시도하는 것이 필요하다. 지금의 나, 불완전한 나, 부족한 나를 인정하고 더 나은 방향으로 발전시키면 된다.

지금 당장 시작해야 하는 이유

• 시도하는 과정에서 배우는 것이 중요하다

많은 성공적인 기업가들도 초창기에 실패를 경험했다. 그러나 이를 통해 더 나은 전략을 세우고 결국 성공을 거두었다. 경험이 쌓일수록 우리는 더욱 발전하게 된다.

• 행동은 변화를 끌어낸다

완벽함을 기다리는 동안 우리는 아무것도 하지 않고 정

체되곤 한다. 그러나 작은 행동이라도 지금 당장 시작하는 것이 조금의 변화라도 자아낼 수 있다. 매일 조금씩이라도 연습하는 것이 중요하다. 시간이 지남에 따라 작은 변화는 큰 결과로 반드시 이어진다.

• 완벽함에 대한 집착은 스트레스를 유발한다

완벽하지 않다는 사실을 받아들이는 것은 정신적 건강에도 긍정적인 영향을 미친다. 자신에게 관대해지고 도전하는 과정 자체를 즐길 수 있다면 삶이 훨씬 더 의미 있고 풍요롭게 느껴진다.

변화를 위한 용기

완벽한 사람은 없지만, 완벽하려는 노력은 빛난다.

2장

새로운 일에
도전하는
사람들에게

성장

어색하고 불편한 순간
혁신이 꿈틀거린다

　만약 누가 중동에서 뜨거운 난로를 팔겠다고 하면 아마 십중팔구 미쳤다는 소리를 할 것이다. 그런데 이런 미친 명제를 뒤집은 기업이 있다. 바로 석유난로의 대명사 파세코다.

　과거에는 석유난로의 수요가 꽤 있었다. 그런데 전기와 가스가 보편화되면서 국내 시장 환경은 급격하게 변하기 시작했다. 파세코는 기업의 존속이 불확실해졌다. 대표와 직원들은 머리를 맞대어 새로운 시장 개발을 위한 대책 회의를 열었다.

"아무도 가지 않는 길을 생각해 봅시다."

회의 끝에 내놓은 묘수는 중동에 난로를 팔자는 것이었다. 찜통더위와 뜨거운 사막이 있는 중동에 난로를 팔자는 말은 아무래도 이상했다.

"중동 사람들은 뜨거운 날씨에 익숙해 기온이 영상 10도만 되어도 춥다고 느낍니다. 중동 지역을 공략하면 승산이 있을 겁니다."

결과는 대성공이었다. 석유난로는 중동에서 불티나게 팔리며 이제는 각 가정에 없어서는 안 될 가전제품으로 자리 잡았다.

환경이 낯설어지거나 새로운 아이디어가 등장했을 때 과거의 틀에 얽매여 이를 받아들이지 못한다면 돌이킬 수 없는 결과를 초래할 수 있다. 변화에 능동적으로 대응하려면 혁신적인 시각이 필요하다. 이는 기업의 존속뿐만 아니라 개인 차원에서도 마찬가지다. 새로운 내일을 기대한다면 당장 오늘부터 달라져야 한다.

아무도 가지 않아서 빛나는 길

1968년, 뜨거운 열기와 긴장감이 감도는 멕시코 올림픽. 높이뛰기 결승이 열리는 경기장에 딕 포스베리가 등장했다. 그는 길게 숨을 들이마신 후 빠르게 달리기 시작했다. 그리고 힘껏 날아올랐다.

그런데 놀라운 일이 벌어졌다. 바를 가뿐히 넘어 세계신기록(2m 24cm)과 올림픽 금메달을 동시에 거머쥔 것이다. 공중에서 몸이 곡선으로 아름답게 휘어지는 모습은 관중에게 마치 예술 작품을 감상하는 듯한 기분을 선사했다. 그러나 관중은 환호하면서도 의아한 표정을 지었다. 경기에 참여한 다른 선수들도 당황한 모습이었다. 그는 기존의 높이뛰기 스타일과는 전혀 다른 방식, 즉 '배면뛰기'라는 혁신적인 기술을 선보였기 때문이다.

그전까지만 해도 높이뛰기의 표준 기술은 양발을 교차하는 '가위뛰기'나 옆으로 몸을 기울여 뛰는 '웨스턴 롤' 방식이 득세했다. 그런데 완전히 새로운 기술인 뒤집기 자세라니! 높이뛰기의 역사가 새롭게 쓰이는 순간이었다. 그가 고안한 방법은 이후 모든 높이뛰기 선수에게 영향을 미쳤고, 오늘날까지도 이어지고 있다.

　새로운 길, 새로운 삶, 새로운 내일을 원한다면 조금 더 일하는 것만으로는 치열한 경쟁에서 생존하기 어렵다. 관점을 바꿔야 기존의 것을 무너뜨리는 패러다임이 나온다. 완전히 새로우면서도 주변 사람과 환경에 의미 있는 상황을 만드는 행동이 필요하다.

　물론 어떤 분야에 새로운 도전을 할 때면 많은 비난과 조롱이 뒤따를 수도 있다. 그렇지만 너무 개의치 마라. 어제의 타성과 안주를 버리고 오늘의 낯섦과 불안을 기꺼이 껴안아라. 아무도 밟지 않는 하얀 눈 위에 과감히 발자국을 찍어야 한다.

변화를 위한 용기

선구자들은 항상 세상을 다르게 바라봤다.

얻고자 한다면
움직여야 한다

"큰일이네. 다음 달부터 학자금 대출 상환이 시작되는데…."

27세 이슬아. 그녀는 한때 꿈꿨던 미래와 고달픈 현실 사이에서 고군분투하고 있었다. 대학 졸업 후, 매달 월세와 생활비를 만들어 내기도 벅찬데 학자금 대출이라는 빚은 더욱 마음을 무겁게 만들었다.

매일 아침, "이 빚을 갚고 나의 꿈을 이뤄야 해!" 하고 거울을 보며 외쳐 보지만 아무리 일해도 벌 수 있는 돈은 턱없이 부족했다. 잡지사 기자는 물론 모델 일까지 했는데도 주머니 사정은 달라지지 않았다.

그래도 그녀는 현실에 굴하지 않았다. 그녀는 믿는 구석이 하나 있었다. 바로 '성실성'이다. 그녀는 뭔가 목표를 세우면 쭉 밀고 나가는 성격이었다. 그러던 중 문득 떠오른 생각이 있었다.

'그래, 내가 가장 잘하는 것과 나의 성실함을 접목하자. 내가 직접 글을 써서 연재를 해 보는 거야. 누군가는 내 이야기를 기다려 줄지도 모르지.'

평소 글쓰기에 남다른 재주가 있었던 그녀는 '글쓰기 연재'라는 새로운 프로젝트에 도전했다. 그녀는 아무도 청탁하지 않은 연재를 시작하기로 마음 먹었다. 구독료를 내는 회원들을 모집해 매일 글 한 편을 이메일로 보내 주는 〈일간 이슬아〉라는 구독 모델을 창안한 것이다. 글을 작성해서 발행하는 일은 누구나 할 수 있지만, 그녀처럼 맨땅에 헤딩하듯 독자를 모은 사례는 없었다. 그녀는 광고 문구를 작성해 여기저기 뿌렸다.

"아무도 안 청탁했지만 쓴다!

태산 같은 학자금 대출!

티끌 모아 갚는다!

재미도, 감동도 없을 수 있습니다!

〈일간 이슬아〉 시작합니다."

절실한 문구는 그녀의 심정을 그대로 드러냈다. 그녀는 월 1만 원의 구독료를 받고 매주 5회, 월 20회 A4 한 장 분량의 수필을 메일로 보내 주겠다고 홍보했다. 등단한 경력도 없고, 이름이 알려진 작품도 없고, 더군다나 얼굴이 알려진 유명인도 아니었다. 과연 누가 이야기를 듣고 싶어 할까?

그러나 그녀만의 신선하고 혁신적인 유통 방식이 통한 걸까? 구독자가 30여 명만 돼도 성공이라고 생각했는데, 〈일간 이슬아〉는 사람들 사이에서 입소문이 나면서 자리를 잡아갔다.

"안녕하세요, 이슬아 님! 저도 글을 읽고 싶어요!"

"오늘은 어떤 이야기를 해 주실 건가요? 어서 글 올려 주세요."

"해외에서 한글을 보니 행복하네요."

"시골 학교 교사인데 학생들과 읽으려고 신청했어요."

누군가 자신의 글을 읽어 준다는 게 한없이 기뻤다. 그녀는 구독자와의 약속을 지키기 위해 단 하루도 쉬지 않고 글을 썼다. 결과는 어땠을까? 6개월이 지나고 그녀는 학자금 대출을 모두 갚았다.

그 과정에서 그녀는 무명작가에서 수만 명의 팬을 가진 스타 작가로 성장했다. 연재했던 글은 책으로 엮여 수만 부가 팔리는 기적을 일궈 냈다. 자신의 책이 서점에 진열된 모습을 보며 그녀는 흐뭇한 미소를 지었다. 그녀는 이제 단순한 글쓰기를 넘어 자신의 이야기가 많은 사람에게 감동을 줄 수 있다는 것을 깨달았다.

그리고 최근에는 그녀가 쓴 소설이 드라마 제작이 확정되어 또 다른 도전이 시작됐다. 이번에는 드라마 작가로의 데뷔를 준비하게 된 것이다.

무슨 일이든 나만의 색이 있어야 한다

인생은 수많은 선택과 도전의 연속이다. 우리는 매일 다양한 일을 하며 살아간다. 글을 쓰는 사람, 그림을 그리는 사람, 서류를 작성하는 사람, 가게를 운영하는 사람.

하지만 이들 중 자기 일을 다른 관점에서 바라보고 도전하는 사람은 드물다. 성실함은 기본이다. 새로움이라는 신무기를 장착해야 한다. 화가 파블로 피카소는 새로움을 방해하는 요소를 경계해야 함을 강조했다.

"모든 어린이는 예술가다. 문제는 자라면서 어떻게 예술가의 마음을 잃지 않느냐는 것이다. 우리의 사고방식이 성숙해짐에 따라 예술적 감각 역시 점점 흐려진다. 우리는 다시 어린이로 돌아가야 한다."

도전은 단순히 새로운 시도를 의미하는 것이 아니다. 이는 새로운 관점에서 바라보는 과정까지 포함한다. 우리는 일상에서 자신이 하는 일을 다시 한번 돌아보고 다른 관점으로 사유할 수 있는 용기를 가져야 한다.

그러다 보면 더 깊이 있는 삶을 살게 될 것이며, 자신뿐만 아니라 다른 이들에게도 긍정적인 영향을 미칠 수 있을 것이다. 삶은 단순한 반복이 아니라 끊임없는 도전과 변화의 연속임을 잊지 말자.

변화를 위한 용기

무엇을 시작하든 새로움을 좇아라.

절망은 항상
희망과 함께 다닌다

서울대학교가 다양한 분야에서 뛰어난 성과를 내는 명문임을 부정할 수는 없다. 하지만 야구 분야에서는 단연 꼴등이다. 서울대 야구부는 1977년 창단 이후 27년 동안 통산 전적 1무 199패라는 믿기지 않는 신화를 기록하며 그야말로 패배의 아이콘이 됐다.

그들은 매 경기 그라운드에서 땀과 눈물을 흘리며 싸웠지만, 승리의 기쁨은 그들 곁에 오지 않았다. 그러나 야구부 선수들은 패배의 무게에 짓눌리면서도 묵묵히 연습을 계속했다. 그들의 유니폼은 낡고 해졌지만 마음속 열정은 언제나 새로웠다. 훈련이 끝난 후에도 서로를 격려하며

"다음에는 반드시 이길 수 있을 거야!"라며 희망의 끈을 놓지 않았다.

그러던 어느 날, 그들이 기다리던 순간이 찾아왔다. 경기 당일, 선수들은 긴장된 마음으로 그라운드에 섰다. 상대 팀의 강력한 투수와 맞서 싸워야 했지만 그들 마음속에는 그동안의 실패를 딛고 일어설 수 있다는 믿음이 자리 잡고 있었다.

경기가 시작되고 초반에는 상대 팀의 압도적인 기세에 눌리기도 했지만, 어느새 선수들은 집중력을 발휘하며 한 점 한 점 득점을 쌓았다. 그리고 마침내 승리의 순간을 맞이했다. 창단 27년 만의 1승이었다. 그라운드에 울려 퍼진 환호성은 수많은 실패 속에서 쌓아 온 절망의 기억을 모두 지워 버렸다.

선수들은 얼싸안고 눈물을 흘리며 기뻐했다. 1승이라는 작은 성과였지만 이는 그들에게 그 어떤 승리보다 값졌다. 그 후로도 그들의 경기는 계속됐다. 400패를 넘겨 마침내 2024년에 1승을 다시 추가했다. 첫 승을 거둔 후

20년 만의 승리였다.

실패보다 중요한 건 대처하는 태도다

실패는 누구나 피하고 싶은 부정적인 경험이지만 그 누구도 실패 없이 살 수는 없다. 처음부터 성공한 사람들이 몇이나 될까? 세계적인 운동선수, 이름난 기업가, 내로라하는 학자 모두 처음부터 그 자리에 있었던 것은 아니다.

중요한 것은 실패를 맞닥뜨렸을 때 이를 어떤 마음으로 받아들이고 대처하느냐다. 대개는 실패를 겪으면 심한 충격과 우울감에 빠져 자신감을 잃게 된다. 더 심하면 자기 자신을 벼랑 끝으로 몰고 가기도 하고, 세상에 나서는 게 두려워 자신을 마음속 감옥에 가두기도 한다.

그러나 이는 옳은 방법이 아니다. 우리는 실패 속에서 인생의 해법을 찾기 위해 노력해야 한다. 그리고 실패를 이길 수 있는 강한 마음과 근성을 길러야 한다.

• 나만 실패한 것이다 → 누구나 다 실패를 경험한다

무의미한 생각으로 시간을 낭비하지 마라. 누군가 잘

나가고 잘해 낼 때 분명 당신은 그를 부러워하고 자신의 못난 점 때문에 괴로워했을 것이다. 하지만 누구나 다 그렇게 살아간다. 이 세상에 모든 일을 다 잘할 수 있는 사람은 없다. 아무리 뛰어난 사람도 언젠가는 험난한 골짜기에서 헤매는 순간을 마주한다.

• 나는 매번 실패할 것이다 → 나는 이번에만 실패한 것이다

건강 염려증은 건강에 전혀 문제가 없음에도 조만간 자신이 심각한 질병에 걸릴 것이라는 공포에서 벗어나지 못하는 일종의 마음의 병을 말한다. 의사로부터 건강하다는 진단을 받았음에도 건강에 대한 지나친 염려로 매 순간 두려움을 떨쳐 버리지 못하는 것이다. 이런 사람들은 병이 마치 그림자처럼 늘 자신을 따라다닌다고 생각한다.

건강 염려증처럼 늘 걱정거리를 안고 사는 사람 중에는 실패 염려증에서 벗어나지 못하는 사람들도 있다. 무슨 일을 시도하기도 전에 이번 일 역시 실패하고 말 거라며 미리 겁을 먹고 도전해 보지 못하는 것이다. 아무리 잘할 수 있는 일도 미리 겁먹고 두려워하기 시작하면 실력을 온전히 발휘할 수 없고, 실패의 위험성도 높아진다.

· 실패하면 끝이다 → 실패는 도약을 위한 새로운 기회다

쓰라린 실패의 경험 속에도 긍정적인 측면은 있다. 자신을 돌아볼 시간을 갖고 성공에 대한 열망이 더욱 자극하는 것이다. 실패는 지나가는 바람과도 같기 때문에 뒤를 돌아볼 필요도 없고 멈출 이유도 없다. 그저 어서 빨리 지나가도록 내버려 두고 새로운 일을 용기 있게 시작하면 된다.

변화를 위한 용기

모두 실패를 겪는다. 관건은 '누가 먼저 일어나는가'다.

변화 없는 성공은
절반만 성공이다

우주 과학의 역사적인 날, 팰컨 9 로켓이 발사대에 서 있었다. 일론 머스크는 조용히 로켓을 바라봤다. 그는 테슬라의 전기 자동차로 세상을 깜짝 놀라게 하더니, 이제는 '스페이스X'라는 우주 산업 기업을 만들어 또 한 번 세상을 뒤집으려는 참이다.

로켓 하나 쏘아 올리는 게 무슨 대단한 일이라고 생각할 수도 있다. 이미 수많은 로켓이 우주로 날아갔으니, 새삼스러운 일처럼 보이지 않을 수도 있다. 하지만 팰컨 9 로켓이 우주 산업 역사에서 특별한 이유는 바로 '추진체 회수 프로젝트'로 진행된다는 점 때문이다.

기존의 로켓들은 발사 후 1단 추진체가 대기나 바다로 떨어져 폐기물로 남는 것이 일반적이었다. 로켓을 일회용으로 쓰는 건 막대한 비용을 초래하는, 우주 탐사의 경제성을 저해하는 주요 요인이었다. 그러나 일론 머스크는 "로켓을 회수해 재활용하면 비용을 현재의 10분의 1 이하로 줄일 수 있다"라고 주장했다.

　"5, 4, 3, 2, 1. 발사!"

　팰컨 9의 엔진이 폭발적으로 점화되면서 불꽃을 내뿜으며 하늘로 솟구쳤다. 로켓이 중력을 뚫고 올라가는 순간 일론 머스크의 머릿속엔 이 순간을 위해 걸어온 길이 파노라마처럼 펼쳐졌다. 수없이 실패하고 다시 일어나 개선했던 순간들. 이제 팰컨 9는 그 모든 집념과 꿈의 결정체였다.

　발사 2분 30초 후 1단 로켓은 2단 로켓과 분리됐고, 엔진이 재점화되자 로켓은 자세를 곧추세우며 하강을 시작했다. 발사 8분 후 로켓은 네 개의 다리를 펼치며 지정된

장소에 무사히 착륙했다. 관제소에서는 박수가 터졌고 일론 머스크는 두 손을 번쩍 들며 포효했다.

팰컨 9의 추진체 회수 성공은 우주 산업의 경제성에 혁명을 일으켰으며, 로켓 발사 비용을 획기적으로 낮추는 데 기여했다. 이는 우주 탐사가 소수의 국가나 거대 기업의 전유물이 아닌 보다 다양한 주체가 접근할 수 있게 하는 중요한 계기가 됐다.

도전할 때 필요한 것들

• 대담한 비전

일론 머스크는 전기차, 우주 탐사, 인공 지능 등 기존에 불가능하거나 위험하다고 여긴 분야에 도전하며 새로운 지평을 열었다.

이제 그는 인류가 지구를 넘어 화성에 거주할 수 있도록 하는 목표를 꿈꾸고 있다. 그의 대담한 비전은 많은 사람에게 영감을 주고, 새로운 가능성을 제시하며 미래에 대한 희망을 불어넣고 있다.

• 위기를 기회로 전환하는 능력

그는 여러 차례 어려운 상황에 직면했지만 이를 극복하며 더욱 강해지는 모습을 보여 주었다. 테슬라와 스페이스X는 한때 파산 위기에 처했으나 그의 결단력과 전략적 판단 덕분에 위기를 기회로 전환하여 성공적인 기업으로 성장할 수 있었다. 그의 리더십은 극복의 아이콘으로 자리 잡았다.

• 끝없는 학습과 열정

그는 엔지니어링, 물리학, 인공 지능 등 다양한 분야에서 깊이 있는 지식을 쌓아 왔다. 끊임없는 학습을 통해 자신이 이끄는 사업 분야의 기술적 세부 사항을 철저히 이해하려고 노력했다. 이런 열정과 지적 호기심은 그의 성공에 결정적인 역할을 하며 그를 혁신의 선두 주자로 만드는 데 일조했다. 그의 탐구 정신은 한계를 뛰어넘는 도전의 원동력이 되고 있다.

일론 머스크의 성공은 단순히 운에서 기인하지 않았다.

이는 그의 독특한 비전, 끊임없는 노력, 그리고 도전에 대한 과감한 접근에서 비롯된 것이다. 여전히 어떤 사람들은 일론 머스크를 괴짜라고 칭한다. 하지만 그는 그런 소리에도 전혀 개의치 않는다. 다만 이렇게 말할 뿐이다.

"혹시 저 때문에 감정이 상한 사람이 있다면 그저 이렇게 말하고 싶네요. 저는 전기차를 재창조했고 사람들을 로켓에 태워 화성으로 보내려 하고 있습니다. 그런 제가 차분하고 정상적인 친구일 거라고 생각하셨나요? 미치지 않고서야 그게 가능한 일일까요?"

변화를 위한 용기
결국 세상을 바꾸는 사람은 주도적인 사람이다.

같은 강에
발을 두 번 담글 수는 없다

고대 그리스 철학자 헤라클레이토스는 인간 존재의 본질이 끊임없는 변화에 있다는 점을 강조한다. 시간이 흐름에 따라 모든 것이 변하고, 따라서 과거의 경험은 현재와 연결될 수 없음을 암시한다. 우리는 항상 새로운 상황과 도전에 직면한다. 그리고 그에 따라 우리의 사고와 행동 역시 변화해야만 지속적인 성장이 가능하다.

소설가 루이스 캐럴이 쓴 《이상한 나라의 앨리스》의 후속작 《거울 나라의 앨리스》에는 이런 이야기가 있다.

"어머, 우리가 계속 이 나무 아래에 있었던 거예요? 모든 게 조금 전과 정확히 같은 자리에 있네요!"

"그렇단다. 다를 줄 알았니?"

"글쎄요. 우리나라에서는 이렇게 오랫동안 열심히 달리면 어딘가 다른 곳에 도착하거든요."

여왕이 고개를 저으며 말했다.

"참 느릿느릿한 나라구나! 여기에서는 지금처럼 같은 자리를 유지하려면 계속 뛰어야 해. 다른 곳으로 가고 싶다면 적어도 두 배는 더 빨리 달려야 해!"

앉은 자리에 그대로 있는 것은 뒤처진 것과 다름없다. 지금 이 순간에도 주변 환경과 우리의 경쟁 대상은 계속해서 빠르게 변화를 시도하기 때문이다.

그렇다면 변화를 주도적으로 이끌기 위해 우리에게 필요한 것은 무엇일까? 당장 일상에서 실천할 수 있는 방법은 어떤 것이 있을까?

작은 실천에서 생기는 큰 변화

워런 버핏이 대표로 있는 투자 회사 버크셔해서웨이의 주주 총회가 있는 날이면 그의 고향 오마하에 있는 퀘스트센터는 1만여 명이 훌쩍 넘는 주주와 가족들로 꽉 찬다. 세계적인 부자 빌 게이츠도 그곳에 모습을 드러내며, 이는 웬만한 인기 그룹의 콘서트장을 방불케 한다.

이렇게 많은 이가 모인 이유는 그의 탁월한 식견을 듣기 위해서다. 그는 그 자리에서 질문을 받고 즉석에서 답을 준다. 질문의 내용은 다양하지만 아무래도 가장 자주 나오는 질문은 투자 성공 비법이다. 워런 버핏은 성공 비법에 대해 말하는 대신 자신의 일과를 소개한다.

"하루 24시간 중 적어도 6시간을 책 읽는 데 투자합니다. 주식 매매 활동 자체보다 공부와 사색에 더 많은 시간을 쏟는다면 그 길이 보일 겁니다."

현대 사회는 다양한 분야에서 급속히 변화하고 있으며 이러한 변화는 우리 삶의 모든 측면에 직접적인 영향을 미친다. 예를 들어 기술의 발전은 직장에서의 업무 방식뿐만 아니라 우리의 일상생활에도 큰 파장을 가져온다. 그래서 변화에 적응하기 위해서는 최신 트렌드와 지식을 습득하는 것이 필수적이다.

변화는 우리의 일상 속 작은 실천부터 시작된다. 일상 속 많은 일은 반복적이고 또 익숙하다. 그러나 익숙함은 안정감을 주지만 동시에 우리의 성장을 제한하기도 한다. 익숙하지 않은 일에 도전하는 것은 부담스럽고 어렵다. 하지만 변화는 생각보다 작은 보폭으로도 시작된다.

• 30분 일찍 일어나기

일찍 일어나 하루를 시작해 보자. 스트레칭, 명상 등 나를 돌보는 시간은 매일을 생산적으로 보내는 원동력이다.

• 새로운 사람과 대화하기

평소 대화하지 않던 동료와 이웃 또는 공공장소에서 만난 사람과 짧은 대화를 나눠 보자. 이는 소통 능력을 향상하고 새로운 관점이나 아이디어를 얻는 기회가 된다.

• 익숙하지 않은 경로로 방향 틀기

매일 같은 경로 대신 새로운 길을 선택하자. 가지 않던 길은 예상하지 못한 경험을 제공한다. 이는 일상의 단조로움을 깨고 새로운 환경을 탐험하는 기회가 주어진다.

변화를 위한 용기

아주 약간의 움직임으로도 변화는 시작된다.

우리는 때로 성공이 아닌
실패에서 배우기도 한다

인텔 명예 회장 앤드류 그로브는 실수를 경계하며 "기업에는 크고 작은 바람들이 있다. 그냥 스쳐 지나가는 작은 바람이 대부분이지만 언제 그 바람이 태풍으로 돌변하며 회사를 송두리째 뒤엎어 놓을지도 모른다"라고 말했다. 그는 직원들에게 매사 실수하지 않고 일을 진행하도록 독려했다.

투자의 귀재 워런 버핏도 '실수 없는 후계자론'을 피력했다. 어떤 사람이 후계자가 될 자격이 있느냐는 기자의 질문에 "앞으로 시장은 갈수록 비정상적이고 심지어 기괴하게 움직일 것이다. 따라서 단 한 번의 큰 실수가 오랫동안의 성과를 망칠 수 있다. 그래서 후계자는 앞으로 다가올 심각한 위험을 인지하고 회피할 수 있는 사람이어야 한다. 즉 실수하지 않아야 한다"라고 답했다.

인간은 완벽하지 않다. 실수도 자연스러운 삶의 일부다. 그러나 반복적인 실수는 발전을 저해하고 신뢰를 잃게 만든다. 실수를 반복하지 마라.

어떤 성공은 실패에서 탄생하기도 한다

감자칩은 실수로 탄생한 음식이다. 1853년, 미국의 레스토랑에서 한 손님은 감자튀김이 너무 두껍고 부드럽다는 불만을 요리사에게 토로했다. 화가 난 요리사 조지 크럼은 그를 골탕 먹일 생각으로 감자를 최대한 얇게 썰어 튀겼다. 그런데 이 새로운 형태의 감자튀김이 손님들에게 폭발적인 인기를 끌었다. 이는 이후 '포테이토칩'이라는 이름으로 세계로 퍼졌다.

세계인의 사랑을 받는 만년필 워터맨 역시 한 보험 판매원의 실수에서 만들어졌다. 어느 날 그는 한 고객과 보험 계약을 성사했다. 그런데 계약서를 작성하는 과정에서 펜이 작동하지 않다가, 설상가상으로 펜의 잉크까지 흘러내려 계약서를 망쳤고, 결국 그는 계약을 다른 판매원에게 빼앗기고 말았다. '잉크만 흘러내리지 않았다면!' 그 후 그는 펜만 생각하고 펜만 연구했다. 그리고 마침내 잉크가 흘러내리지 않는 펜을 개발했다. 그 펜이 바로 워터맨이다.

최초의 항생물질 페니실린은 미생물학자인 알렉산더 플레밍의 우연한 실수로 탄생했다. 그는 세균을 배양하는 접시의 뚜껑을 열어 놓은 채 퇴근했다. 다음 날 접시에는 푸른곰팡이가 피어 있었고 놀랍게도 세균은 모두 사라졌다. 그는 이 푸른곰팡이를 연구해 페니실린을 발견하고 노벨상을 받았다.

D. A. 벤턴은 《CEO 정상의 법칙》에서 이렇게 말했다.

"많은 사람의 마음속에 깊이 각인된 근본적인 사고의 배경에는 '모든 것을 완벽하게 해내지 못하면 난 실패자다'라는 생각이 숨어 있다. 그러나 인간이 만든 많은 훌륭한 발명품은 실수에서, 실수해도 포기하지 않는 발명가의 꿋꿋한 의지에서 탄생한다. 실수는 다음번에 잘할 수 있는 기회를 제공한다. 실수는 배우는 과정이다."

우리는 실수를 통해 새로운 기회를 얻기도 한다. 하지만 명심할 게 있다. 실수하되 동일한 실수를 반복해서는 안 된다. 이는 그 실수로부터 무엇이든 배우지 못하고 있다는 것을 의미한다. 실수를 겪은 후 그 경험을 충분히 되짚어 봐야 하며, 반성을 통해 무엇이 잘못됐고 또 어떤 선택이 부적절했는지를 이해해야 한다. 특정 행동이나 사고방식이 습관이 된다면 좋은 일이든 나쁜 일이든 반복하게 된다. 나쁜 습관으로 굳기 전에 서둘러 단절해야 한다.

변화를 위한 용기
실수는 하지 않는 것보다 반복하지 않는 것이 중요하다.

넘어지면
돌이라도 주워라

누구도 실패를 완벽하게 피할 수는 없다. 그렇다면 실패를 맞닥뜨렸을 때 우리는 어떤 태도를 취해야 할까? 실패에 지혜롭게 대처하는 방법은 없을까?

우리는 그 실마리를 귀인 이론에서 찾을 수 있다. 심리학에서 말하는 귀인 이론은 우리가 성공이나 실패의 원인을 무엇에 돌리느냐에 따라 그 이후에 벌어질 행동이나 정서적 경험에 큰 영향을 미친다는 것이다. 귀인 이론을 체계화한 버나드 와이너는 성공과 실패의 원인을 다음의 세 가지 조건에서 찾았다.

• 원인의 소재

내적 요인인 능력, 노력에서 찾거나 외부 요인인 과제의 난이도 또는 운에서 찾는다.

• 변화의 가능성

시간이 흘러 상황이 바뀌었을 때 변화하는지 아닌지에 따라 가변성 또는 안정성으로 분류된다.

• 본인의 의지

본인의 의지에 따라 통제 가능한지 불가능한지로 나뉜다.

중요한 건 실패에 대한 분석이다. 긍정적인 사람은 실패의 원인을 내적 요인과 가변성에서 찾고, 이를 본인의 의지로 통제가 가능하다고 인식한다. 즉 자신의 실패는 자신의 능력이나 노력이 부족했기 때문이라 판단하고, 지금보다 더 노력하면 이전의 결과를 바꿀 수 있다는 희망을 가지는 것이다.

반면 부정적인 사람은 원인을 변화 가능성이 적고 통제 불가능한 것에서 찾는다. 예를 들면 운 같은 것이 있다. 이들은 원인을 자기 자신에서 찾는 것이 아니라 외부적 요인으로 돌려 실패할 때마다 핑곗거리를 만드는 것이다.

실패에 핑계를 대는 것은 다음의 성공에는 아무런 도움이 되지 않는다. 그 순간만은 스스로 위로가 될 수도 있다. 운이 좋다면 책임을 다소 피해 갈지도 모른다.

이는 설사 효과가 있다 하더라도 일시적일 뿐 장기적인 관점에서는 전혀 도움이 되지 않는다. 변명은 자신의 약점이나 부족한 노력을 개선하고 능력을 향상하는 데 방해만 된다. 그런 자세로 실패에 대처하면 실패할 것을 염두에 두고 미리 핑곗거리부터 찾게 된다.

성공과 실패는 모두 본인의 몫이다

정리하자면, 실패를 딛고 일어서기 위해서는 실패의 원인을 자신이 조절하기 힘든 것이 아닌 자신의 의지로 바뀔 수 있는 것에 두는 것이 좋다. 만약 당신이 자신에겐 타고난 능력도 없고 운도 따르지 않는다고 생각한다면 그야말로 믿을 것이라고는 피나는 노력밖에 없다.

사람들은 실패했을 때 실패했다는 사실에만 주목하는 경우가 많다. 자신이 왜 실패할 수밖에 없었는지 그 이유를 찾고 분석하는 일에는 소홀하다. 그러나 실패한 원인을 정확히 알아야만 똑같은 실수를 하지 않고 자신의 부족한 점을 보완해 좀 더 강해질 수 있다.

미국의 대표적인 마케팅 기업 아메리칸 텔레케스트의 창업자이자 억만장자 스티븐 스콧은 실패 작성표를 통해 실패를 줄일 수 있는 비법을 스스로 터득하라 말한다.

1. 당신이 받은 커다란 상처나 실패했던 일들의 목록을 작성하라.
2. 상처를 받았으며, 실패할 수밖에 없었던 요인이 무엇인지 적어라.
3. 실패 요인을 극복하기 위한 구체적인 방법을 적어라.
4. 실패가 되풀이될 가능성이 있는 것들을 적어라.
5. 실패 경험자와 조언을 구할 사람을 미리 조사하라.

이러한 실패 작성표 같은 대책은 실패했을 때도 당황하지 않고 실패를 통해 분명 더 큰 성공의 비법을 발견하게 해 주는 든든한 지원군이 될 것이다.

변화를 위한 용기

반성할 기회가 생긴다면 우선 자신을 되돌아봐라.

살아온 날보다
살아갈 날들이 더 소중하다

　한 회사가 나날이 사업이 번창해 새롭게 공장을 지었다. 시간이 흘러 회사 규모가 점점 커져 인력을 보충할 필요가 생겼다. 유능한 직원들이 회사에 들어오고 새로운 공장에 투입되며 신제품을 생산하기 시작했다. 생산된 신제품을 보며 사장은 만족스러웠고, 한동안은 모든 일이 순조롭게 돌아가는 듯했다.

　어느 날, 한 소비자에게서 전화가 한 통 걸려 왔다.

　"예전에 산 제품이 불량이에요. 얼른 수리해 주세요."

새로운 공장에서 일하는 직원들은 한동안 생산 일을 멈추고 제품 수리하는 일에 동원됐다. 그런데 다음 날에도 소비자로부터 비슷한 전화가 걸려 왔다. 역시 제품에 하자가 있으니 수리해 달라는 것이었다.

이후에도 수리를 요청하는 전화는 끊이질 않았다. 생산 현장에 투입된 직원들은 과거에 만든 불량품들을 수리하느라 정신이 없었다. 신제품을 만들어야 하는데, 과거에 잘못 만든 제품에 발목이 잡힌 것이다.

새로운 공장에 투입된 직원들이 신제품을 생산하지 못하고 과거의 제품을 수리해 주는 팀으로 전락해 버린 까닭에 사세는 점점 기울어 갔다. 회사는 결국 경영난을 견디지 못하고 문을 닫고 말았다.

신제품 개발을 위해 뽑은 새로운 직원들이 과거의 일에 발목 잡히게 해서는 안 된다. 과거에 만든 제품 수리는 수리를 담당하는 직원에게 맡기고 신제품 개발과 생산을 위해 뽑은 직원들은 어떻게든 계속해서 그 일에 집중할 수 있는 환경을 만들어 주어야 한다. 그래야만 새로운 가능성이 생기고 회사의 미래도 밝아질 수 있다.

과거에서 벗어나지 못하는 두 가지 심리 요인

"그렇게 하지만 않았어도 이렇게 되지 않았을 텐데…."

"왜 자꾸 그 일이 생각나지? 생각만 해도 우울해져!"

"정말 후회스러워! 그때 그 일 때문에 다 망치고 말았어!"

과거의 일을 전부 만족하는 사람은 거의 없을 것이다. 누구나 한 번쯤 지나간 과거에 집착하고 후회하며 아쉬워한다. 아무리 과거의 기억을 떨치려 해도 쉽게 지워지지 않을 때가 많다. 왜 사람들은 아무짝에도 쓸모없는, 잊고만 싶은 과거의 상처와 실패의 경험에서 벗어나지 못할까? 왜 그것들에 붙잡힌 채 살아가는 걸까?

• 자이가르닉 효과

자이가르닉 효과는 자신이 잘한 일보다 못한 일을 훨씬 더 잘 기억하는 것을 말한다. 이 이론은 러시아 모스크바 주립대학 심리학부의 공동 창설자인 심리학 박사 블루마 자이가르닉이 처음으로 제기했다.

그는 수십 명을 A 그룹과 B 그룹으로 나눈 뒤 수수께끼와 암산 문제를 풀게 했다. A 그룹에는 문제를 풀 수 있는 시간을 충분히 제공했지만, B 그룹은 한창 열심히 문제를 풀고 있을 때 다른 문제를 풀게 했다. 풀이가 끝난 뒤 그는 두 그룹에 문제의 제목에 관해 물었다.

제목을 정확히 떠올린 사람은 전체의 절반 정도였는데, 재미있게도 A 그룹보다 B 그룹이 약 두 배 정도 더 많이 기억해 냈다. 이 실험을 통해 그는 사람들이 이미 충족된 것보다 충족되지 않은 일에, 성공한 일보다 미완성이거나 실수가 있었던 일에 집착하기 쉽고 더 오래 기억한다는 사실을 밝혀냈다.

우리가 첫사랑을 오래도록 잊지 못하고 틈만 나면 되새기는 이유도 그 사랑이 이루어지지 않았거나 어떤 결실을 맺지 못했기 때문이다. 관객들은 영화의 무삭제 버전이나 감독판에 더 호기심을 가진다. 소비자는 티저 광고나 예고편을 보면 본편을 찾아본다. 그래서 정보를 모두 제공하지 않고 일부만 보여 줌으로써 대상의 궁금증을 자극하는 것이다.

• 매몰 비용

매몰 비용이란 이미 지불했기 때문에 회수할 수 없게 된 비용을 말하는데 '콩코드 오류'라고도 부른다.

프랑스와 영국은 한때 초음속 여객기 콩코드를 공동 개발했다. 그러나 이 야심찬 계획은 워낙 천문학적인 비용이 필요했고, 설사 성공적으로 완성된다 해도 안정적인 수익을 보장하기 어려웠다. 그런데도 사업은 강행됐고, 결국 엄청난 재정 적자를 초래했다. 도중에 사업을 중단하고 싶어도 그동안 투자된 돈이 아까워 그렇게 할 수가 없었다.

매몰 비용 효과가 적용된 사례는 우리 주위에서 쉽게 찾아볼 수 있다. 도박꾼이 이미 잃은 돈에 미련을 놓지 못하고 본전을 찾기 위해 도박장을 전전하는 것이 대표적이다. 또 아무리 오래 버스를 기다려도 계속해서 오지 않는다면 중간에라도 포기하고 지하철이나 다른 교통수단을 이용하면 되는데, 기다린 시간이 아까워 기약도 없이 버스를 무작정 기다리는 경우도 그런 사례라고 볼 수 있다.

우리 머릿속은 늘 특정한 심리적 요인들에 영향을 받고 있다. 따라서 미련하게 자꾸만 과거에 집착하고 기억에 얽매여 살게 되는 것이다. 과거를 버리는 일은 말처럼 쉽지 않다. 그런데도 우리는 현재의 삶에 걸림돌이 되는 과거와 단호히 작별을 고해야만 한다. 이제까지 살아온 날보다 앞으로 살아가야 할 날들이 더 소중하기 때문이다.

변화를 위한 용기

과거에 발목 잡히면 미래가 묶인다.

죽은 시간은
흘려보내야 한다

    과거가 아픔과 상처로 가득하다 해도 그것을 어떻게 받아들이고 극복하느냐에 따라 얼마든지 인생이 달라질 수 있다. 어쩌면 그런 쓰라린 과거가 오히려 삶의 열정을 불러일으키고 도전 정신을 자극하는 때도 많이 있다.

    오프라 윈프리도 그랬다. 그녀는 가난과 성폭력 등 말할 수 없이 불우한 어린 시절을 보냈다. 게다가 청소년 시절에는 술과 마약에 찌들어 밑바닥 인생을 보냈다. 그러나 그녀는 〈오프라 윈프리 쇼〉로 십수 년 동안 낮 시간대 TV 토크 쇼 분야에서 부동의 1위를 지키며 수많은 사람에게 긍정적인 영향을 끼쳤다.

그녀는 단호하고 분명하게 과거와 선을 긋고 이별을 선언했다. 고통스러운 과거 대신 찬란한 미래를 선택한 것이다. 삶은 공짜 선물처럼 거저 주어지는 것이 아니다. 영광스러운 자리에 있는 사람들이 과거의 쓰라린 기억에서 벗어나기 위해 얼마나 땀 흘리며 노력하고 애썼는지 미루어 짐작할 수 있다.

《굿바이 게으름》의 저자이자 정신경영아카데미 원장 문요한 의사는 한 언론과의 인터뷰에서 이렇게 말했다.

"결국 누구나 작심삼일을 경험해요. 어느 순간에 계획이 삐끗한단 말이지요. 이럴 때 집중력이 필요해요. 자신의 소망이 이루어질 것이라 믿고 집중력을 잃어버리지 않는 사람은 계획이 어긋나도 포기하지 않고 다시 도전합니다. 기존의 방법이 아닌 새로운 방법으로 말이죠.

만약 '역시 난 안 돼', '예전에도 실패했었잖아' 하는 과거의 기억이 집중을 방해한다면 그런 생각이 올라올 때마다 "멈춰!" 하고 소리 내어 말하거나, 스스로에게 반전 카드를 내밀어 보세요.

반전 카드는 제가 상담자에게 주는 카드인데요, 작은 종이에 옛 마음과 새 마음 칸을 만들어서 거기에 자신이 어떻게 변화하려고 하는지 구체적으로 써넣습니다. 그리고 이 카드를 늘 지니고 다니다가 옛 마음으로 돌아가려고 하는 순간에 꺼내 스스로 자기 자신에게 보여 주는 거죠. 작심한 것을 반복하고 그것이 습관이 되게 하는 것이 중요해요."

익숙한 것들과 결별하라

한때 잘나가던 사람이나 기업도 어느 날 소리 소문도 없이 추락하여 흔적도 없이 사라지는 일이 빈번히 벌어진다. 세상은 쉴 새 없이 변해 가는데, 그동안 해 왔던 낡은 방식으로 새로운 환경에 대응해 보려다 실패한 것이다. 익숙한 것과의 결별에는 반드시 뼈를 깎는 고통이 수반된다. 성공한 과거 역시 이미 죽은 시간에 지나지 않는다.

조직은 새로운 피, 새로운 아이디어, 새로운 활동이 필요하고, 개인은 두려움과 타성을 극복해 새로운 자신을 만나야 한다.

스타벅스 창업자 하워드 슐츠는 매일 다른 사람들과 점심을 먹고 어울린다. 과거의 영광에 만족하지 않고 새롭게 미래를 개척하는 그만의 필사적인 생존 방식이다.

과거에 아무리 커다란 성공을 이뤘든 반대로 치명적인 실패를 경험했든 그런 것들은 중요하지 않다. 항상 지금 발을 딛고 있는 현실에 기반을 두고 미래에 초점을 맞춘 채 열정적으로 살겠다는 마음을 다지는 것이 무엇보다 중요하다.

변화를 위한 용기

익숙함은 달콤하지만 우리를 좀먹기도 한다.

한쪽 문이 닫히면
다른 쪽 문이 열리기 마련이다

살다 보면 누구에게나 좋은 일 나쁜 일이 모두 일어난다. 좋은 일을 만날 때야 문제가 없지만 나쁜 일이 닥쳤을 때는 극심한 스트레스를 받고 견디기 힘든 고통을 느끼게 된다. 우리는 문제를 회피하거나, 누군가 자신에게 따뜻하게 손을 내밀어 주길 바랄 뿐이다.

그러나 회피한다고 문제가 해결되지는 않는다. 남의 도움으로 문제를 해결한다고 해도, 똑같은 시련이 찾아오면 다시 한번 무너지기 일쑤다. 87세까지 사령탑을 맡아 온 메이저리그 역사상 최고령 감독 코니 맥은 말했다.

"나는 야구 선수들이 슬럼프에서 헤어 나오지 못하는 것을 종종 봐 왔다. 반면에 어떤 선수들은 곧 기력을 회복하고 슬럼프에서 벗어나 더 훌륭한 선수가 되기도 한다. 그것은 상대 팀에게 지는 선수보다 자기 자신에게 지는 선수가 더 많기 때문이다. 그것은 삶의 법칙에도 적용된다. 모든 사람이 알아 두어야 할 삶의 첫 번째 법칙은 자기 자신을 잘 다루는 것이다."

시련을 마주했을 때 절망과 희망이 서로 힘겨루기를 할 것이다. 그럴 때는 긍정의 편에 서야 한다. '지금의 이 시련이 나를 크게 만든다', '이 어려움을 극복해 내가 세상에 태어난 의미를 찾겠다'는 긍정의 마음으로 기꺼이 시련을 즐겨야 한다.

시련은 분명 당신에게 고통과 극심한 스트레스를 안겨 줄 것이다. 그러나 그게 전부는 아니다. 시련을 통해 우리는 삶의 오기와 지혜를 배우고, 미처 알지 못했던 자신의 능력을 발견할 수 있다.

시련은 극복하는 순간 기회가 된다

맹자는 이렇게 말했다.

"하늘이 장차 그 사람에게 큰 사명을 주려 할 때는 반드시 먼저 그의 마음과 신념을 흔들어 고통스럽게 하고, 힘줄과 뼈를 굶주리고 궁핍하게 만들어 그가 하고자 하는 일을 흔들고 어지럽게 하나니, 그것은 타고난 작고 못난 성품을 인내로 담금질하여 하늘의 사명을 능히 감당할 만하도록 역량을 키워 주기 위함이다."

시련은 견디지 못하면 낙오하게 되지만, 극복하면 기회가 된다. 여기 시련을 극복하고 새로운 기회를 잡은 사람들이 있다. 이들을 통해 시련이 얼마나 인생을 값지게 하는지 알 수 있다.

세계적인 지휘자 토스카니니는 원래 바이올린 연주자였다. 그는 18살에 교향악단에 들어갔는데, 자신이 좋아하는 바이올린을 하루 종일 연주할 수 있고 청중 앞에 서서 자신의 실력을 뽐낼 수도 있다는 사실에 무척이나 행복했다.

그러나 행복은 오래가지 않았다. 시력이 급격히 나빠져 악보를 볼 수 없게 된 것이다. 갑작스러운 시련 앞에서 그는 무척이나 절망스럽고 두려웠다. 하지만 그는 음악을 진정으로 사랑했기에 쉽사리 포기할 수 없었다. 그에게 인생은 음악이고 음악이 곧 인생이었다.

그 뒤로 그는 음표 하나 쉼표 하나 빠짐없이 악보를 통째로 외우기 시작했다. 그러던 어느 날 그에게 뜻밖의 기회가 주어졌다. 공연이 임박한 상황에서 지휘자가 나타나지 않은 것이다.

그가 속한 악단 가운데 악보를 통째로 외우고 이해하는 사람은 오직 그밖에 없었기에 그가 지휘자로 나서게 됐다. 이는 그가 지휘자로서 데뷔한 첫 번째 무대였다. 그 후 그는 계속해서 자신의 실력을 갈고닦았고, 마침내 최고 지휘자 반열에 오를 수 있었다.

리 아이아코카는 1946년 포드에 입사해 1960년에는 부

사장까지 올라갔다. 그는 손수 포드 머스탱의 개발 책임을 맡기도 하며 출중한 능력과 실행력을 보였다. 추진하는 일마다 승승장구했고 차는 소비자들의 폭발적인 반응을 끌어냈다.

그러던 그에게도 시련이 찾아왔다. 이런저런 문제들로 당시 회장 헨리 포드 2세와 계속해서 갈등을 빚다가 결국 해고당한 것이다. 그는 한동안 깊은 좌절감에 빠졌지만 탁월한 승부사인 그는 그대로 주저앉아 있지는 않았다.

몇 달 후 그는 또 다른 자동차 회사 크라이슬러에 CEO로 부임하며 제2의 인생을 시작했다. 당시 크라이슬러는 최악의 상황에 빠져 있었다. 막대한 적자 누적에 유가 상승까지 겹쳐 사활을 걸던 대형차 판매량이 급격히 떨어지고 있었다. 최악의 상황에서 맡게 된 CEO 자리였지만 오히려 그는 이를 기회로 삼았다.

우선 노조의 동의를 얻어 경영을 재정비하고 신제품 개발에 뛰어들었다. 그는 소형차 개발에 착수했는데, 이때 만들어진 차들은 시판되자마자 대단한 반향을 일으켰고 이후 개발하는 차들도 성공적이었다. 그의 부임 덕에 기울어 가던 크라이슬러는 멋지게 회생할 수 있었다.

시련은 분명 모두에게 고통이지만, 그들에게 시련이 없었다면 그들은 최고 자리에 오를 수 없었을 것이다. 결국 시련 앞에서 주저앉거나 포기하지 않은 사람들만 쇠가 용광로에서 단련되듯 강해지고 탁월해질 수 있었다.

좋은 일만 가득하다고 해서 무조건 좋은 것만은 아니다. 시련이 없으면 성장도 없다. 고난과 시련의 시간을 지나야만 더욱 성장하고 꽃도 피울 수 있는 것이다. 그러다 보면 세상을 보는 눈 역시 그만큼 깊고 넓어진다.

변화를 위한 용기

무엇이든 극복한 사람은 한 단계 진화한다.

3장

좋은 인연을
맺고 싶은
사람들에게

관계

아주 작은 공통점이
아주 큰 유대감을 만든다

일요일 오후의 공원, 서로 전혀 모르는 사이인 두 사람이 아주 즐겁게 대화를 나누고 있다.

"이름이 뭐예요?

"감자입니다. 이 친구는 이름이 뭐죠?"

"점프요. 점프는 에너지가 넘쳐서 매일 산책하고 운동을 시켜요. 그런데 오늘은 얌전하네요."

"우리 애는 말썽꾸러기예요. 훈련이 필요할 것 같아요."

"한번 해 보세요. 처음에는 간단한 명령어부터 시작하다 점차 난이도를 높이는 게 좋죠. 보상 체계를 활용하면 더 잘 배워요."

두 사람은 애완견과 관련한 일상적인 이야기와 조언을 교환하며 꽤 오래도록 대화를 이어 나갔다. 이처럼 전혀 모르는 사람 사이에서도 공통의 관심사와 경험은 자연스럽게 친밀감을 형성시키고 '같은 편'이라는 인식을 심어 준다.

사람들은 취미, 가치관, 취향, 고향, 목표, 고민, 경험 등 함께 공유하고 공감할 수 있는 것들에 친밀감과 유대감을 느낀다. 그렇게 자연스레 끼리끼리 모인다. 유유상종과 반대로 오히려 나와 다른 사람에게는 반감을 느끼는 반감 가설이라는 말도 있을 정도다.

사소한 친밀도에서 관계는 시작된다

누군가와 가까워지고 싶은가? 그렇다면 둘의 공통점을 찾아라. 상대의 경계심이 느껴져도 피하려고만 하지 말고 서로 공감할 수 있는 부분을 엮어라. 인맥이든 직종이든 취미든 서로를 이을 수 있는 이야기로 자리를 풀어 간다면 거리는 가까워지고 대화는 탄력이 붙는다. 그러면 좋지 않았던 감정도 어느 순간 호감으로 바뀐다.

한 유명 강사가 있다. 그는 청중의 공감을 끌어내기 위해 사전 준비를 철저히 한다. 강연장이 간호사들로 가득 차 있다면 그는 "BP(blood pressure) 올라가네요" 같은 표현을 쓴다. 광고 기획자 모임에 가면 "PPL(product placement)이 여기저기 보이네요" 같은 표현을 쓴다. 공통된 주제나 언어를 사용하다 보면 그는 참석자들과 금세 하나가 된다.

철강왕 엔드류 카네기가 제강소를 세울 때다. 그는 제강소 이름을 짓는 일로 몇 날 며칠을 고민에 빠졌다. 그런 카네기를 보고 한 직원이 말했다.

"사장님, 회사 이름 가지고 왜 그렇게 오랫동안 고민하세요? 멋진 이름이 떠오르지 않으세요?"

"단지 멋진 이름을 지으려고 이렇게 고심하는 게 아니야. 우리가 만든 철을 팔 궁리를 하는 걸세."

잠시 뒤, 카네기는 좋은 생각이 떠올랐는지 기뻐하며 말했다.

"그래, 바로 그거야! 회사 이름을 '에드가 톰슨'이라고 지어야겠어."
"사장님, 사람 이름 같은데 왜 굳이 그런 이름을….'

카네기는 미소를 지으며 직원에게 설명했다.

"펜실베이니아 철도 회사에 우리 회사에서 생산되는 철을 팔아야 해. 그게 우리 회사가 살길이지. 그런데 펜실베이니아 철도 회사의 사장 이름이 바로 에드가 톰슨이야. 그래서 우리 회사 이름을 그렇게 지은 거야. 분명 이름 덕을 볼 수 있을 걸세."

그의 예상은 적중했다. 철도 회사 사장은 자기 이름과 같은 제강소 회사가 있다는 것에 반가워했다. 그리고 카네기가 만든 철을 구입하기로 했다. 카네기는 이를 발판으로 성공 가도를 달릴 수 있었고 결국 '철강왕'이라는 칭호와 함께 세계적인 대부호에 등극했다.

상대가 당신의 이야기에 경청하기를 바라는가? 대화가 원활하게 굴러가기를 바라는가? 그렇다면 먼저 그와의 공통점을 찾아라. 아니, 아예 공통점을 만들어라. 대화는 자연스럽게 이어질 것이고 긴장은 줄어들 것이며 분위기는 편안해질 것이다. 앞바퀴가 잘 돌아가면 뒷바퀴는 저절로 잘 따라오기 마련이다.

변화를 위한 용기

공통점을 찾기 힘들다면 공통점을 새로 만들어라.

달은 스스로
빛나지 않는다

밤하늘의 달을 올려다본 적 있을 것이다. 달을 천천히 보고 있노라면 다양한 감정이 마음속에서 꿈틀거린다. 부드러운 광채는 그리운 이를 떠올리게 하고, 잃어버린 꿈의 조각을 하나하나 꺼내 다시 도전하고 싶은 마음을 자극하기도 한다.

우리는 달이 스스로 빛을 뿜어낸다고 생각하곤 한다. 하지만 달은 스스로 빛을 내지 못한다. 태양에서 나온 빛이 달에 닿고, 그 빛이 다시 지구로 반사되기 때문에 우리가 달의 빛을 볼 수 있는 것이다. 달이 태양의 빛을 반사하는 현상은 마치 타인과의 협력을 통해 더 선명한 빛을 발산하는 우리의 모습 같다.

우리는 살아가며 자아를 찾아 헤맨다. '나'라는 존재는 누구이며 어떤 의미를 지니고 있을까? 이러한 질문은 인간이 끊임없이 탐구해 온 주제다. 그러나 우리는 때로 자아를 너무 좁은 시야에서만 바라보는 경향이 있다. 나를 빛나게 하는 것은 나 자신의 내면이 아니라 타인의 존재와 그들과의 관계에서 비롯된다.

아리스토텔레스는 "인간은 사회적 동물"이라고 말했다. 그는 인간이 고립된 존재가 아니라 공동체 속에서 자신의 본성을 실현한다고 생각했다. 또한 행복 역시 혼자서는 성취할 수 없으며 타인과의 관계 속에서 비로소 완전해질 수 있다고 했다.

철학자 마르틴 부버도 《나와 너》에서 "사람은 나와 너의 관계를 맺음으로써 너와 더불어 현실에 참여한다. 나는 너와 더불어 현실을 나눠 가짐으로 말미암아 현존적 존재가 된다"라고 말하기도 했다.

인생은 혼자서 걸어가는 여정이 아니라 타인과 함께

걸어가는 것이다. 파트너, 동반자, 협력자는 인생에서 필수적인 요소이며 서로를 성장시키는 힘이다.

서로를 보완하는 관계를 찾아라

현대 기술 혁신의 역사를 논할 때 스티브 잡스와 스티브 워즈니악의 협력을 빼놓을 수 없다. 애플 공동 창업자인 둘의 협력은 단순한 사업적 파트너십을 넘어 기술과 인문학의 경계를 넘나드는 혁신을 이루어 냈다.

잡스와 워즈니악은 1971년에 처음 만났다. 둘은 곧바로 전자 공학과 컴퓨터에 대한 공통된 열정을 발견했다. 이 만남은 잡스의 비전과 워즈니악의 기술적 재능이 결합된 협력의 시작을 알렸다.

워즈니악은 아리스토텔레스적인 현실주의자였다. 그는 기술의 세부 사항과 구현 가능성에 집중하며 현실적인 문제 해결에 주력했다. 그의 접근 방식은 실용적이었으며 기술이 어떻게 작동하고 이를 통해 무엇을 할 수 있는지에 대한 깊은 이해를 바탕으로 했다.

반면 잡스는 플라톤적인 이상주의자였다. 그는 제품의 미학적 완성도와 사용자 경험을 극대화하기 위해 끊임없이 노력했다. 그의 철학은 기술이 단순한 도구가 아니라 인간의 삶을 풍요롭게 하는 예술 작품이어야 한다는 것이었다. 두 사람의 조합은 애플을 엄청난 기업으로 성장시켰다. 단순한 기술 기업을 넘어 문화적 아이콘으로 자리 잡게 한 것이다.

달의 반사가 전하는 메시지는 마치 인생과 성공의 진정한 의미를 탐구하라는 의미와도 같다. 나는 다른 사람이 존재하기에 비로소 빛날 수 있다. 타인의 관심, 인정, 이야기는 나를 더욱 빛나게 한다. 그래서 삶은 나를 빛나게 해 줄 사람을 찾는 여정이라고 할 수 있다. 또한 나 스스로도 누군가를 빛나게 하는 존재가 될 수 있어야 한다. 우리는 어떤 방법으로 그런 사람을 찾고, 될 수 있을까?

• 멘토와 롤 모델 찾기

다양한 행사나 세미나에 참석하여 관심 분야에서 활동

하는 전문가들과 관계를 맺도록 노력하라. 그들의 경험과 지혜는 당신의 성장에 큰 도움을 줄 것이다. 책이나 다큐멘터리에서 영감을 주는 인물들을 찾아 그들의 인생 경로와 업적을 분석하는 것도 좋은 방법이다.

• 피드백 활용

피드백은 개인이나 팀이 자신의 강점과 약점을 인식하고 개선할 수 있는 기회를 제공한다.

• 자신의 변화

다른 사람의 긍정적인 영향을 받기 위해서는 새로운 것을 배우려는 개방된 자세를 가져야 한다. 내가 변하고자 하는 의지가 없다면 그 누구도 나를 변화시킬 수 없다.

변화를 위한 용기

배울 수 있는 거울 같은 사람을 찾아라.

라이벌은
나의 거울이다

영화 〈타인의 삶〉은 2006년 아카데미 외국어영화상을 수상한 작품이다. 베를린 장벽이 무너지기 전 동독인이었던 비즐러는 비밀경찰이자 대학교수로 일했다. 동독 정부는 그에게 중대한 임무를 주었다. 그 임무는 동독 체제에 반대하는 극작가 드라이만과 그의 아내 여배우 크리스타를 감시하는 일이었다.

비즐러는 그들의 집에 은밀히 도청 장치를 설치한 뒤 그들의 일거수일투족을 24시간 감시한다. 두 사람이 사랑을 나누면 비즐러도 사랑의 감정을 느끼고, 음악을 들으면 같이 감미로운 음악에 젖고, 문학 이야기를 나누면 함께 문학에 심취한다. 그는 크리스타의 비밀도 알게 된다. 크리스타는 남편을 해치겠다는 협박에 못 이겨 어쩔 수 없이 장관과 밀회를 갖고 있었다. 그녀는 죄책감에 시달리다가 어느 날 갑자기 교통사고로 세상을 떠나고 만다.

그렇게 시간이 지날수록 비즐러는 점점 그들에게 동조되고, 마침내 그는 드라이만을 절체절명의 위기에서 구하기까지 한다. 그 일로 인해 비즐러는 교수 자리를 박탈당하고 우편물을 옮기는 등 허드렛일을 하며 평범한 삶을 살게 된다.

훗날 드라이만은 책을 한 권 출간하고 비즐러는 우연히 그 책을 구입하게 되는데, 책 맨 앞에 적힌 "HGWXX/7에게 이 책을 바칩니다"라는 문구를 보고 놀란다. 바로 비즐러가 비밀경찰로 있을 당시의 암호명이었다.

원래 비즐러는 냉혈한이었으며 자신의 신념과 동독에 대한 충성심, 그리고 대학교수라는 명예심이 남다른 사람이었다. 그러나 그는 두 사람의 삶을 관찰하며 스스로 질문을 던지기 시작하며 서서히 변화하기에 이르렀다.

"과연 나는 그들처럼 행복한 삶을 살고 있는가?"

"지금의 내 삶은 과연 옳은가?"

결국 비즐러는 타인의 삶을 통해 자신의 삶을 돌아보고 '진짜 나'로 돌아가게 된 것이다.

비교도 비교 나름이다

흔히 비교를 부정적으로 치부하지만, 어떻게 생각하느냐에 따라 비교에서도 얻을 점이 많다. 나의 의지를 불태우고 나쁜 생활 습관을 고치고 꿈과 성공에 대한 열망으로 자신의 내면을 가득 채울 수 있는 좋은 방법이 있다. 바로 타인에게 긍정적인 라이벌 의식을 갖는 것이다.

당신이 100m 달리기를 하기 위해 출발선에 서 있다고 가정하자. 혼자 달릴 때와 여럿이서 함께 달릴 때 중 언제 더 좋은 기록이 나올 수 있을까? 우리는 달리는 도중 나도 모르게 앞서 달리는 사람을 따라잡고 싶다는 욕심이 들고, 이기고 싶다는 경쟁심이 불타올라 더 악착같이 달리게 된다.

어떤 사람은 라이벌 자체를 거추장스럽게 여기고, 라이벌 때문에 스트레스를 받고, 라이벌을 자신에게 주어진 기회를 빼앗아 가려 하는 훼방꾼 내지는 사라져야 할 존재로까지 생각한다.

하지만 좀 더 깊게 생각하고 멀리 본다면 절대 그렇지 않다. 크게 성공한 사람들은 대부분 라이벌을 자신의 위치나 방향, 목표를 끊임없이 돌아보며 수시로 점검하고 다시금 노력하도록 만드는 공생 관계이자 고마운 존재로 인식한다.

나를 항상 자극하고 나의 존재감을 느끼게 하고, 나의 위치와 상황을 보다 발전적으로 이끄는 사람, 그것이 바로 라이벌이다.

"최고가 되는 것보다 더 어려운 건 그 최고의 자리를 지키는 것이다"라는 말이 있다. 최고 자리에 오르는 순간 경쟁 상대가 사라지기 때문이다. 자신이 최고라는 자만심에 빠져 지내다 보니 서서히 목표가 흐릿해지고 몸과 정신이 모두 나태해지기 쉽다.

우리는 주위에서 성공의 기쁨을 맛본 뒤 얼마 지나지 않아 곤두박질치는 경우를 종종 본다. 라이벌이 사라지고 경쟁 구도가 깨지는 순간 긴장 역시 풀리게 된다. 결국 성공하기 위해서도, 성공한 후를 위해서도 라이벌은 반드시 필요한 존재라고 할 수 있다. 긍정적인 비교는 나를 자극하는 원동력이다.

변화를 위한 용기

긍정적인 비교는 오히려 나를 발전시킨다.

혼자서는
생기지 않을 일

캘리포니아대학교 산타바바라 캠퍼스 심리학 박사 과
정 연구진은 실험 참가자 376명에게 이런 질문을 던졌다.

"지금까지 당신 인생 최고의 순간과 최악의 순간은 언
제였습니까?"

연구진은 참가자들이 상을 타거나 어떤 목표를 성취했
을 때를 최고의 순간으로 꼽고, 뜻하지 않은 사고를 당하
거나 자신이 추진하던 일에서 크게 실패했을 때를 최악의
순간으로 꼽을 것으로 예측했다. 그런데 그들은 전혀 뜻

밖의 답변을 했다.

"그녀에게 고백했는데 그녀가 내 마음을 받아 주었을 때, 그때가 내 인생 최고의 순간이었습니다!"

"아이가 나에게 처음으로 '아빠' 하고 불러 줄 때가 내 인생 최고의 순간이었습니다!"

"오랫동안 사랑하던 사람과 갑자기 헤어졌을 때, 그때가 내 인생 최악의 순간이었습니다."

"친구들로부터 따돌림을 받은 적이 있는데, 그땐 정말 힘들었습니다. 그야말로 최악의 순간이었죠!"

실험은 최고의 순간이나 최악의 순간 모두 타인과의 관계, 즉 인간관계 속에서 존재한다는 결론을 도출했다. 우리는 살아가면서 분명 누군가에게 상처를 주고 또 받을 것이다.

그럴 땐 조금만 아파하고 가능한 한 빨리 그 기억에서 벗어나야 한다. 사람에게 받은 상처는 사람이 치유한다. 인간관계에서 한번 상처를 받으면 쉽게 잊히지 않아 자꾸만 마음이 위축되고 두려움이 생길 수 있다. 하지만 그럼에도 다시 용기를 내어 세상 속으로, 사람 속으로 과감히 들어가야 한다.

고대 철학자 마르쿠스 아우렐리우스는 《명상록》에서 이렇게 말했다.

"혹시 손이나 발 또는 머리가 몸에서 잘려 나가 땅에서 뒹구는 광경을 본 적이 있는가? 자기에게 일어나는 일에 만족하지 못하고 사람들로부터 동떨어져 반사회적인 활동을 하고 있는 사람들의 상태가 바로 이와 같다.

자연의 일부분으로 만들어졌으며 그곳에서 생활하고 있음에도 스스로 자연의 조화에서 이탈한다면, 마치 스스로 팔이나 다리를 잘라 버리는 것과 같다. 그러나 다행스러운 점은 아직도 당신에게는 자연의 섭리가 작용되고 스스로 다시 자연의 통일성으로 되돌아갈 수 있는 능력이 있다는 것이다."

신은 인간 이외의 다른 동물이나 사물에 대해서는 다시

결합하는 능력을 허용하지 않았다. 그러나 인간은 비록 일시적으로 분리됐다 할지라도 다시 돌아와 하나를 이루고 자연과 세상에 섞여 들어갈 힘을 가졌다. 우주의 일부분으로서의 역할을 수행할 수 있도록 배려한 것이다.

누군가와 관계를 맺는다는 것은 그 자체로 축복이고 기적이며 미래를 위한 값진 투자다. 스쳐 지나가는 수많은 사람 중 당신의 능력을 발견해 주고 격려해 주며 당신의 꿈을 이룰 수 있도록 이끌어 주는 사람은 분명 존재한다. 다만 당신이 아직 찾지 못했을 뿐이다.

결국 인간은 사회적 동물이다

나무가 무럭무럭 자라기 위해서는 공기, 바람, 햇볕, 물, 거름이 필요하다. 자신을 괴롭히는 일이나 해결하기 힘든 일이 있으면 혼자 끙끙대지 말고 부모, 친구, 동료를 찾아가 함께 머리를 맞대고 해결책을 구하는 것이 현명하다. 혼자서는 도저히 찾을 수 없을 것 같은 문제도 여럿이 모여 머리를 맞대면 의외로 쉽게 풀리곤 한다.

일본을 대표하는 중소기업 주켄공업의 창업자 마츠우라

모토오는 사람을 통해 인생의 가치관을 확립하고 새로운 꿈을 품었다.

그는 고등학교 시절 트롬본을 다루는 솜씨가 대단했다. 그는 낮에는 학생 신분으로 공부하고, 밤이 되면 댄스홀에서 악단과 함께 트롬본을 연주하며 생계를 이어 나갔다. 그러던 중 그는 시내 대형 서점의 상무이자 댄스홀 관리자인 키와다 칸지를 만난다.

"모토오, 자네는 어린 나이인데도 트롬본 연주가 무척이나 훌륭하군! 그런데 자네 꿈이 뭔가?"

"지금 당장은 대학에 가고 싶습니다. 그런데 등록금이 너무 비싸서 도저히 엄두가 나지 않네요."

"그래? 그렇다면 내가 대신 등록금을 내 주지. 나중에 돈을 벌면 그때 갚도록 하게."

"정말이세요?"

"물론 정말이지. 원하는 목표가 있다면 과감히 도전하게. 그리고 앞으로 문제가 생기면 혼자 고민하지 말고 누군가에게 털어놓아 보게. 그럼 반드시 해결의 실마리를 발견하게 될 걸세!"

뜻밖의 기회를 얻은 모토오는 이를 악물고 공부해 아이치 대학 법경학부에 입학할 수 있었다. 대학에서의 학업은 회사를 차리고 경영하는 데 든든한 발판으로 작용했다. 칸지와의 특별한 인연이 그의 삶에 큰 도움이 된 것은 물론 말할 것도 없다.

인맥이라고 하면 보통 혈연, 지연, 학연 등에 기댄 일종의 패거리 문화로 인식하는 부정적인 시각도 많다. 하지만 그에 못지않게 긍정적인 의미도 크다. 자꾸 사람들과 벽을 쌓고 달팽이처럼 안으로만 움츠러들고 경계하며 자신에게 찾아오는 성공의 기회와 행운을 차 버리면 자신만 손해다.

성공하고 싶고 꿈을 성취하고 싶고 나아가 진정으로 풍요롭고 윤택한 삶을 살고 싶다면 과감히 사람들 속으로 들어갈 줄 알아야 한다. 적극적으로 관계를 쌓고, 상처를 뛰어넘는 용기와 자만심을 뛰어넘는 배려로 타인을 품어

안아야 한다. 그러다 보면 어느새 함께 울창한 숲을 이루
어 아름다운 새소리를 들으며 살 수 있을 것이다.

어떤 식으로든 관계를 맺고 유지하라.

친구는 수보다
깊이가 중요하다

　날마다 우리는 숫자를 다 헤아릴 수도 없을 만큼 많은 사람과 마주치고, 그들 중 몇몇과는 각별한 인연을 맺으며 생활한다. 사람과 사람이 어우러져 살아가는 세상이기에 만남은 자연스럽다. 그렇다면 한 사람이 태어나서 죽을 때까지 만나는 사람은 몇이나 될까?

　사회학자 솔라 폴은 이를 측정하기 위해 피실험자 한 사람을 임의로 정해 100일 동안 세밀하게 추적하고 조사했다. 피실험자는 새로운 사람을 만나기도 하고 이미 알고 있는 사람과 헤어지기도 했다. 실험 결과 한 사람이 평생 만나는 사람은 대략 3,500명 정도는 결과가 나왔다.

물론 사람에 따라 살아가면서 이보다 많은 사람을 만나는 사람도 있고 이보다 적은 사람도 만나는 사람도 있다. 그러나 중요한 것은 숫자가 아니라 깊이다. 아사히맥주의 히구치 히로타로 회장은 다음과 같이 말했다.

"젊었을 때는 돈을 빌려서라도 훌륭한 인맥을 만들어야 한다. 물은 어떤 그릇에 담느냐에 따라 모양이 달라지고, 사람은 어떤 친구를 사귀느냐에 따라 운명이 결정된다."

언제든 기꺼이 손을 내밀어 줄 수 있게

아무리 능력이 뛰어나고 원대한 야망을 품고 있다 해도 제대로 된 인간관계가 뒷받침되지 않는다면 궁극적으로 원하는 바를 얻을 수 없다. 사람의 마음을 얻지 못한 상태에서는 대단한 성과를 내기도 어렵고, 운이 좋게 성공한다 하더라도 언제 무너질지 모르는 아슬아슬한 상태와 다름없다. 사람을 얻는 자만이 꿈을 이룰 수 있고 풍요로운 인생을 살 수 있다.

사람을 얻는다는 것, 특히 진정으로 마음을 나눌 수 있는 사람을 얻는다는 것은 쉬운 일이 아니다. 당신은 힘들고 고통스러울 때 기꺼이 손을 내밀어 주고 위로의 말을 들려주고 마음을 깊이 나눌 수 있는 친구가 몇이나 있는가? 아무리 많은 사람과 관계를 맺고 있다고 해도 정작 어려운 일을 당했을 때 힘이 되어 줄 내 사람이 없으면 빛 좋은 개살구에 지나지 않는다. 좋은 사람은 얻으려면 어떻게 해야 할까?

• 진정성을 유지하라

진정성은 관계의 핵심이다. 상대방과의 대화에서 진솔하게 이야기하고 가식 없이 자신을 표현하는 것은 신뢰를 형성하는 기반이다. 이는 단순히 겉으로 좋은 사람처럼 보이려는 것이 아니라 내면에서 우러나오는 진실된 태도를 의미한다.

• 가치를 인정하라

사람들은 자신이 존중받고 인정받는다고 느낄 때 관계에 더 큰 의미를 부여한다. 장점과 성과를 인정하고 칭찬하라. 비판보다는 긍정적인 피드백을 제공하고 성장을 돕는 조언을 하는 것도 좋다.

• 자신을 가꿔라

좋은 사람을 얻기 위해서는 자신도 좋은 사람이 되어야 한다. 자신을 계속해서 발전시키고 내면과 외면을 가꿔라. 자기 관리와 성찰을 통해 더 나은 사람이 되려는 노력은 관계 형성에 긍정적인 영향을 미친다.

• 시간을 함께 보내라

좋은 관계는 시간이 지남에 따라 더욱 깊어진다. 함께하는 시간은 신뢰와 친밀감을 쌓는 데 필수적이다.

변화를 위한 용기

어디서든 인연과 관계를 소중히 여겨라.

인정과 칭찬보다
좋은 당근은 없다

어떻게 하면 사람의 마음을 얻을 수 있을까? 이탈리아의 문필가이자 희대의 바람둥이로 알려진 카사노바의 자서전에서 그 단서를 찾을 수 있다.

"여성은 자신이 사랑받고 있으며 매우 소중한 존재라는 사실을 일깨워 주는 사람과 사랑에 빠진다. 따라서 여성을 진심으로 사랑하고 그 여성이 얼마나 아름다운 존재인지 일깨워 주고 소중하게 대해 주기만 하면 누구나 모든 여성으로부터 사랑받을 수 있다."

이는 여자에게만, 또 사랑에만 국한된 일이 아니다. 누군가 나의 이름을 불러 주고 나의 가치를 알아준다는 것만큼 기분 좋고 행복한 일은 없다. 사람은 정신적 욕구가 충족될 때 가장 의욕과 열정이 샘솟는다.

욕구가 충족되면 깊은 정신적 만족감을 느끼고 자연스레 다음 과제 또한 적극적으로 받아들이게 된다. 그리고 이 욕구를 채워 준 사람에게 신뢰를 느끼고 감사하게 된다. 이처럼 사람의 마음을 얻는 첫 번째 방법은 바로 상대방의 가치를 알아주는 것이다.

평생 단 한 번의 만남처럼 생각하라

당장 이익이 되지 않거나 일시적으로 손해를 본다고 해서 남을 속이거나 거짓된 마음으로 대해서는 안 된다. 순간적으로 상황을 모면할 수 있을지는 몰라도 절대 그를 자기 사람으로 만들 수 없다. 가면을 쓰고 접근한 사람을 그 누가 진심으로 믿고 따를까? 사람은 누구나 진심을 알아보는 직관의 힘을 가지고 있다.

'왜 내게 도움을 주는 사람이 없을까? 내 주위엔 왜 사람이 이렇게 없을까?' 하고 불평불만을 내뱉기 이전에 내가 누군가를 대할 때 진심으로 배려하며 다가갔는지, 인간 대 인간으로 마음에서 우러나오는 진심으로 대했는지 돌아봐야 한다.

롯데백화점 이철우 대표는 오래전 일본 출장길에서 만년필을 사기 위해 다카시마야 백화점에 갔다. 그런데 그곳에 원하는 만년필이 보이지 않았다. 그의 얼굴엔 실망감과 아쉬움이 묻어났다. 백화점 직원은 난감했지만 어떻게든 이 일을 해결해 주고 싶었다.

"손님, 잠시만 기다려 주세요. 그 만년필을 구할 수 있도록 제가 도와드리겠습니다."

직원은 여기저기 전화를 걸더니 잠시 후 말했다.

"오래 기다리시게 해서 죄송합니다! 손님께서 찾으시는 만년필은 건너편 문구점 마루젠에서 판매하고 있다고 합니다. 그곳에 가면 구입하실 수 있을 겁니다."

그는 감동했다. 따지고 보면 마루젠 문구점은 다카시야
마 백화점과 경쟁업체인 셈이다. 그런데도 손님이 필요로
하는 물건이기에 그곳까지 직접 연락해 성심성의껏 도와
준 것이다. 결국 그는 백화점 직원의 따뜻한 배려와 진심
어린 마음 덕분에 만년필을 구할 수 있었고, 그 일을 계기
로 다카시마야 백화점의 단골손님이 됐다.

일기일회(一期一會)라는 사자성어가 있다. 사람을 만날
때 평생 단 한 번의 만남처럼 생각하고 진심으로 대하라
는 의미다. 누구를 만나든 진심으로 대할 때 진정한 관계
가 형성된다.

변화를 위한 용기

항상 상대의 가치를 이해하려 노력하라.

누구에게나
살아갈 이유가 있다

영화 〈베로니카, 죽기로 결심하다〉의 베로니카는 스물넷의 나이에 자살을 시도한다. 자신이 원하는 삶을 살지 못하고 남들이 원하는 모습을 유지해야만 하는 삶에 염증을 느껴서다. 그녀는 다량의 수면제를 삼키고 두 눈을 감은 채 중얼거린다.

"눈을 뜨면 지옥이겠지."

하지만 눈을 떠 보니 정신병원이었다. 그녀는 자살 실패로 더더욱 깊은 우울의 웅덩이에 빠졌다. 이제는 정말이지 생에 대한 애착이 눈곱만큼도 없는 상태였다. 희망이 모두 사라진 순간 그녀는 의사로부터 충격적인 이야기를 듣는다.

"베로니카, 이 말을 전한다는 게 참 가슴 아픕니다."
"무슨 일인데 그러세요?"
"수면제 과다 복용으로 심장이 크게 손상됐습니다. 당신은 일주일 안으로 죽게 될 것입니다."

그녀는 막상 죽음을 눈앞에 두자 어떻게 해야 할지 몰랐다. 그저 죽음을 기다리며 무의미한 시간을 보낼 뿐이었다.

시련에서 발견하는 삶의 의미

어느 날 그녀는 병원 정원에서 환자 에드워드를 만난다. 에드워드는 자신만의 세계에 갇혀 지내는 사람이었다. 베로니카는 그의 침묵과 고독에 흥미를 느끼고 말을 걸기 시작한다. 둘은 짧은 대화를 나눴다.

"저기 피아노가 있어요."

베로니카는 오랜만에 피아노를 연주하기로 결심한다.
그녀는 자신의 감정을 피아노를 통해 표현했고, 에드워드
는 그녀의 연주에 깊게 감동한다. 그들은 병원에서 점점
더 많은 시간을 함께 보내며 서로에게 마음을 열기 시작
한다.

그러던 어느 날, 베로니카는 가슴 속에서 뭉클한 무언가
가 올라옴을 느꼈다. 그녀는 나지막한 목소리로 말했다.

"살고 싶다."

베로니카는 병원에서 죽음을 맞이하고 싶지 않았다. 병
원 밖에서 에드워드와 함께 지내고 싶다는 열망도 생겼
다. 그들은 함께 병원을 탈출해 거리를 걸으며 자유로운
삶을 잠시나마 경험한다. 마침내 베로니카는 자신의 생명
이 여전히 소중하다는 것을 깨닫고, 에드워드와 함께 새
로운 삶을 시작할 희망을 품게 된다.

그런데 놀라운 반전이 남아 있었다. 그녀의 시한부 목숨은 의사의 거짓말이었다. 의사는 인간이 죽음에 직면했을 때 어떻게 반응할지에 대한 실험을 위해 베로니카에게 거짓말을 한 것이다. 아이러니한 순간이다. 그녀는 삶이 보장됐을 때는 죽음을 택했지만, 막상 죽음이 다가오니 생의 끈을 놓지 않으려 했다.

살다 보면 우리는 예상치 못한 절망적인 상황을 마주할 때가 있다. 그 순간 마음속 깊은 곳에서부터 밀려오는 불안과 두려움은 우리의 발걸음을 무겁게 하고 때로는 숨조차 쉬기 힘든 압박감을 느끼게 한다.

사랑하는 사람의 상실, 직장에서의 스트레스, 건강 문제는 우리를 깊은 절망의 늪으로 빠뜨린다. "왜 나에게 이런 일이 일어났을까?"라는 질문이 머릿속을 맴돌 뿐 그에 대한 답을 찾지 못한 채 시간만 흐르곤 한다.

하지만 우리에겐 회복의 의지가 있다. 절망의 순간은 우리를 더 강하게 만들고, 자신을 돌아보고 진정으로 소중한 것이 무엇인지 다시금 생각하게 만든다. 부정적인 상황은 우리를 시험하기도 하지만, 동시에 나를 일으켜 세우는 기회이기도 하다. 베로니카의 이야기는 단순히 생과 사의 경계를 넘는 것이 아니라, 자신을 발견하고 진정한 삶의 의미를 찾는 여정을 보여준다.

"잠이 쏟아지지만 난 자고 싶지 않아요. 할 일이 너무 많아요. 내 삶이 영원하다고 믿었을 때 항상 나중으로 미루어왔던 것들요. 내 삶이 살아볼 만한 가치가 없다고 믿기 시작하면서 더 이상 내 관심을 끌지 못했던 것들요."

변화를 위한 용기
희망은 어떤 절망에서도 살아갈 힘을 준다.

질투는 나를 향해
던지는 칼이다

철학자 쇼펜하우어는 강아지를 한 마리 길렀다. 그런데 강아지의 이름은 다름 아닌 선배 철학자 '헤겔'이었다. 그가 강아지의 이름을 헤겔로 지은 것은 순전히 질투심 때문이었다.

쇼펜하우어는 헤겔에 비해 상대적으로 이름이 덜 알려졌다. 헤겔이 성큼성큼 큰 걸음으로 철학의 바다를 건널 때 그는 졸졸졸 냇가에서 발버둥치고 있었다. 격차가 점점 벌어질 때마다 그는 위축됐다. 헤겔의 생각, 행동, 철학 등 하나에서 열까지 모든 것이 다 싫었다.

'도대체 그가 나보다 나은 구석이 뭐가 있어?'

'사람들은 위대한 나의 철학을 왜 몰라주는 거야!'

쇼펜하우어는 헤겔과 함께 독일 베를린 대학에서 강의했다. 선배에게 지고 싶지 않아 일부러 강의 시간을 맞춰 헤겔과 경쟁하기로 마음먹었지만 학생들은 헤겔의 강의실만 찾았고, 그의 강의실은 텅텅 빌 뿐이었다.

자존심이 무너진 쇼펜하우어는 자신의 감정을 주체할 수 없었다. 급기야 질투심은 증오로 바뀌었다. 헤겔에 대한 그의 적개심이 얼마나 심했는지 그의 독설을 통해 알 수 있다.

"천박하고 우둔하고 역겹고 무식한 사기꾼인 헤겔은 뻔뻔스럽고도 어리석은 소리를 잔뜩 늘어놓는다. 그런데 그의 상업적인 추종자들은 그의 철학이 마치 불멸의 진리인 양 나팔을 불어 댔다. 바보들이 그것을 진실인 줄로 알고 환호하며 받아들였다."

훗날 쇼펜하우어도 헤겔 못지않은 명성을 얻었지만, 지난날에 왜 그렇게 유치한 감정에 빠졌던 걸까? 질투는 결국 비교우위에서 비롯되며, 사회와 서열 개념을 갖춘 집단 내에서는 필연적으로 따라올 수밖에 없는 보편적인 감정이기 때문이다. 그러나 살펴봤듯 질투는 좋지 않다.

질투심이 만드는 마음의 병

• 관계 악화

질투는 상대의 성공과 성과를 파괴하려는 심리가 있다. 직접 상대를 공격하기도 하고 미묘하게 비꼬거나 상대가 곤란한 상황에 빠지도록 계략을 짜기도 한다. 결국 갈등이나 오해로 이어져 원만한 관계가 유지되기 힘들다.

• 스트레스 증가

질투를 구성하는 감정은 대부분 부정적이다. 불안, 우울, 시기, 미움, 분노 등 감정이 쌓이면 집중력과 생산성을 떨어뜨려 일상생활을 제대로 할 수 없게 만들 뿐만 아니라 정신적인 고통도 심화한다.

• **자존감의 하락**

비교는 종종 자신의 부족함과 실패에 더욱 집중하는 계기가 되기도 하고, 이는 자기 존중감을 저하한다. 같은 잣대로 비교할 상황이 아닐 때 남과 자신을 비교하면 자아인식이 왜곡되며 자신에 대한 불만만 커진다.

질투를 하지 않을 수는 없다. 다만 이를 인식하고 건강하게 처리하는 것이 중요하다. 성과와 능력을 중요시하는 분위기가 강해진다고 해도 우리는 최선을 다해 적당한 지점을 찾아야 한다. 적당한 질투는 열정을 불태우는 원동력이 되기도 한다.

변화를 위한 용기

무분별한 비교는 나를 갉아먹는다.

남과 비교하지 말고
나와 비교해야 한다

누구나 다 경쟁에서 우위를 차지하고 싶은 욕망이 있다. 어린아이의 소꿉장난에서부터 직장 내 승진, 국가 간의 경제력까지 욕망은 우리 삶에 깊숙이 스며들어 있다. 영국의 한 대학에서 설문지를 돌린 적이 있다.

1. 다른 사람의 평균 소득이 200만 원입니다.
그곳에서 150만 원의 소득을 받는 삶을 살겠습니까?

2. 다른 사람의 평균 소득이 50만 원입니다.
그곳에서 100만 원의 소득을 받는 삶을 살겠습니까?

당신이라면 어느 쪽의 삶을 선택할 것인가? 설문에 참여한 다수는 2번을 선택했다고 한다. 실질 소득이 높은 쪽보다 다른 사람과 비교했을 때 소득이 높은 삶을 선택한 것이다. 이처럼 우리 마음에는 남을 이기고 싶다는 욕망이 내재하고 있다.

그렇다고 이기고 싶은 욕망을 그저 본능이라고 가볍게 치부할 수는 없다. 현대 사회에서 경쟁 만능주의 현상이 계속해서 두드러지고 있기 때문이다. 경쟁은 공정하고 정당한 과정이 아닌, 상대를 어떻게든 이기려는 집착으로까지 번지고 있다. 이런 과정에서 사람들은 자신의 목적을 달성하기 위해 도덕적 가치는 아예 관심이 없다는 듯 어떠한 방법도 서슴지 않게 된다.

설령 일시적으로 경쟁에서 승리를 거두더라도 전쟁은 결코 끝나지 않는다. 하나의 장벽을 넘으면 또 다른 거대한 장벽이 기다리고 있기 때문이다. 우리는 자신의 위치를 잃을까 봐 두려워하며 경쟁자가 등장하는 것을 용납할 수 없다. 이러한 두려움과 불안 속에서 삶은 계속해서 피로와 스트레스로 가득 차게 된다.

이 시점에서 경쟁이란 단어의 의미를 살펴볼 필요가 있다. 라틴어에 뿌리를 둔 프랑스어 경쟁(concurrence)에서 con은 '함께'라는 뜻이고 cur는 '달리다'라는 뜻이다. 다시 말해서 경쟁은 '같이 달린다'는 의미다. 당신은 지금 누군가와 함께 달리고 있는가? 상생하고 있는가? 지금 내가 처한 상황을 점검할 필요가 있다.

나를 점검하는 방법

• 목표 설정

목표가 구체적이고 현실적인가?

목표 달성을 위한 계획이 마련되어 있는가?

• 정신적·신체적 건강

경쟁으로 인해 스트레스나 불안을 느끼고 있는가?

수면이나 식습관에 변화가 생겼는가?

• 인간관계

경쟁으로 인해 친구나 가족과의 관계가 소원해졌는가?

주변 사람들의 성취를 축하하고 있는가?

• **자기 비교**

다른 사람과의 비교로 자존감이 낮아지고 있는가?

나의 성과를 타인의 성과와 비교하고 있는가?

• **즐거움의 상실**

내가 즐기던 활동에서 즐거움을 느끼지 못하고 있는가?

경쟁이 본래의 재미를 빼앗고 있는가?

• **피드백 수용**

다른 사람의 피드백을 수용하고 있는가?

비판을 건강하게 받아들이고 있는가?

변화를 위한 용기

어제의 나와 비교하라. 항상 긍정적인 결과를 도출한다.

모른다는 것을 알 때
변화가 시작된다

애경 그룹 창업주의 갑작스러운 사망은 회사 전체를 혼란의 소용돌이 속으로 몰아넣었다. 주부였던 장영신은 깊은 슬픔을 뒤로하고 결단을 내려야 했다. 평범한 가정주부로 남아 있을 것인가, 아니면 남편의 유산을 지키기 위해 자신의 한계를 넘어설 것인가. 그녀의 선택은 후자였다. '주부 경영 신화'가 시작된 출발점이었다.

1971년, 남편의 타계 1주기가 끝난 뒤 장영신은 아무에게도 알리지 않고 경리 학원에 등록했다.

'모르니까 배워야지.'

서류 속 숫자들이 무엇을 의미하는지, 재무제표는 어떻게 읽어야 하는지 그녀는 그 모든 것을 처음부터 배워 나갔다. 그리고 이듬해 대표 이사 자리에 올랐다. 그녀의 하루는 남들과 달랐다. 매일 퇴근할 때마다 그녀의 손에는 업무 관련 서류가 담긴 보따리가 들려 있었다.

서류 속 복잡한 숫자와 용어는 그녀에게 여전히 낯설었지만 그녀는 결코 물러서지 않았다. 밤을 새며 서류를 분석하고 연구하며 부족한 지식을 채워 나갔다. 어느 늦은 밤, 그녀는 업무 관련 서류를 작성한 직원을 찾아갔다.

"대표님, 이 늦은 밤에 무슨 일입니까? 회사에 문제가 생긴 건가요?"

"아닙니다. 모르는 부분이 있어 여쭤 보려고요."

그녀는 서류를 내밀며 이해되지 않는 부분을 물었다. 직원은 잠시 당황했지만 곧 그녀의 열정에 감탄하며 설명을 이어 갔다. 만약 그녀가 대표라는 직함 뒤에 숨어 자신의 부족함을 인정하지 않고 배움을 멀리했다면 지금의 애경 그룹은 존재하지 않았을지도 모른다.

항상 묻고 답을 구하라

어느 날, 공자의 제자 중 한 명인 자공이 공자에게 물었다.

"스승님, 위나라의 공어라는 사람은 어떻게 '문(文)'이라
는 위대한 시호를 받았습니까? 제가 알기로 그는 평소 모
범적인 삶을 살지 않았습니다."

"그는 행실은 괘씸하지만 배움을 즐겼다. 그리고 무엇
보다도 자신보다 낮은 사람에게 답을 구하는 것을 부끄러
워하지 않았다. 그래서 그런 시호가 주어진 것이다."

모르면 물어보고 배워야 한다. 소크라테스는 "나는 내
가 아무것도 모른다는 것만 안다"라는 말로 지식에 대한
한계를 명확히 인식했다. 인간의 지식은 결코 완전하지
않다. 우리는 경험을 통해 지식을 쌓아 갈 뿐 지식은 시간
이 지남에 따라 계속해서 변한다.

모르는 것이 있으면 겸허하고 겸손하게 받아들이고, 해

답을 찾기 위해 물어보는 용기가 필요하다. 부끄러움은 무지에 있는 것이지 묻고자 하는 마음에 있는 것이 아니다. 묻는다는 것은 성장하고자 하는 의지의 표현이다.

공자는 "삼인행 필유아사(三人行 必有我師)"라고 말했다. 세 사람이 길을 가면 그중에는 반드시 나의 스승이 있다. 비록 나보다 아랫사람이라도 분명 그에게는 내가 배울 만한 지식과 경험이 있다.

우리는 종종 권위나 지위에 따라 아랫사람을 평가하며 무시하곤 하지만, 그 역시 그만의 삶에서 쌓아 온 통찰을 지니고 있다. 그러니 모르는 것이 있다면 자존심을 내려놓고 낮은 자세로 물어라. 묻는 자만이 답을 얻는다.

변화를 위한 용기

누구에게든 배우고, 배우면 내 것으로 만들어라.

4장

지금 무언가를 시작하는 사람들에게

끄기

우리는 스스로
두려움에게 먹이를 준다

춘추 전국 시대 노나라의 현인, 안회는 어느 날 스승을 찾아갔다.

"스승님, 그동안 잘 지내셨습니까?"

"그래, 어서 오시게. 오늘은 무슨 화두를 가지고 나를 찾아온 건가?"

"스승님, 제가 며칠 전에 상심이라는 연못을 건넜습니다. 그런데 연못을 건너는 동안 저는 참 놀라운 걸 보고 말았습니다."

"무슨 일이 있었나? 연못에서 괴물이라도 나온 건가?"

"아, 아닙니다. 전 사공을 보고 놀랐습니다."

스승은 고개를 갸우뚱거리며 물었다.

"사공을 보고 놀라다니? 신통한 재주가 있었나?"

"예. 그 사공은 노 젓는 솜씨가 뭐라 말할 수 없이 뛰어났습니다. 사공이니까 당연한 일이겠지만 하여튼 저는 그 솜씨가 부럽기까지 했습니다."

"허허. 참으로 멋진 사공을 만났나 보군. 그런 멋진 사공을 만났다는 건 복된 일이지. 그나저나 나도 궁금한걸. 그 사공의 솜씨가 말이야."

"제가 사공에게 노 젓는 법을 배울 요량으로 다가서 그 비법을 알려 달라고 했더니 사공은 이해할 수 없는 어려운 말을 했습니다."

"이해할 수 없는 어려운 말이라니? 도대체 사공이 뭐라 말했는가?"

"사공은 헤엄을 칠 줄 아는 사람은 몇 번 만에 노 젓는 법을 배울 수 있다고 했습니다. 그리고 또 깊은 물에 잠수를 잘하는 사람은 배를 본 적이 없고, 노 한 번 잡아 본 적이 없더라도 금방 방법을 배울 수 있다는 겁니다."

스승은 사공이 한 말이 무슨 뜻인지 알았다는 듯 미소를 지어 보였다.

"스승님, 사공이 말한 뜻이 무엇인지 알려 주십시오."
"사공이 말하고자 한 건 '두려움'에 관한 이야기다. 잘 생각해 봐라. 헤엄을 잘 치는 사람이나 잠수를 잘하는 사람은 물을 두려워하지 않는다. 설령 배가 뒤집힌다고 해도 그건 아무런 문제가 되지 않지. 그러나 물을 두려워하는 사람은 아무리 열심히 노 젓는 걸 배운다고 해도 그 실력이 좀체 늘지 않을 거다. 그 이유는 '배가 뒤집히면 어떡하나' 하는 두려움 때문이다. 두려움 없는 마음, 그게 바로 노를 잘 젓는 비법이다."

안회의 스승은 다름 아닌 공자였다.

두려움은 상상력 때문이다

사실 우리가 두려워하는 일이 모두 현실로 이어지지는 않는다. 일어나지도 않은 일을 상상하기 때문에 미리 두려움을 느낄 뿐이다. 설령 우려했던 일이 벌어진다고 해도 그건 애초 걱정했던 것보다 훨씬 더 강도가 낮게 나타나는 경우가 많다. 마음속 두려움이 자신을 더 위축시키고 두려움이 증폭되게 한 것이다. 그러니 어떤 일에 앞서 미리 두려워할 필요는 없다. 두려워하지 않는 마음은 일의 실수를 줄이고 마음의 평화를 가져다준다.

절대적으로 안정적인 인생은 존재할 수 없다. 그럴 바에야 오히려 두려움과 공존하는 법을 익히고, 두려움에 익숙해지고, 두려움이 무뎌지기를 바라는 게 낫다. 오늘은 두려워하는 것들을 일부러 떠올리고 그것들을 과감히 껴안고 잠에 드는 건 어떨까.

변화를 위한 용기

피할 수 없다면 받아들여라.

모든 일은
때가 있다

중국 명나라의 유학자였던 왕양명의 이야기다. 한 제자가 왕양명에게 물었다.

"스승님, 도대체 도가 무엇입니까?"

왕양명이 시큰둥하게 대답했다.

"배가 고프구나. 어서 밥이나 먹자."

다시 제자가 심각한 얼굴로 되물었다.

"스승님, 왜 제 질문에 대답해 주지 않으십니까? 저에게 알려 주십시오. 도대체 도란 무엇입니까?"

왕양명은 귀찮다는 듯 손가락으로 귀를 후볐다. 제자는 조금 화가 났다.

"스승님, 저는 스승님을 20년 가까이 모셨습니다. 그런데 왜 제 말에 귀를 기울이지 않고 귀찮아하십니까? 제가 그 정도밖에 안 됩니까?"

왕양명은 진지하게 말했다.

"뭘 그렇게 알려고 하느냐? 도가 별거야. 피곤하면 자고 닭이 울면 일어나고 먹고살려면 일하고 심심하면 친구랑 노는 것이지. 지금이 무엇을 할 때인지 잘 알고 행하는 것이 바로 도라고 할 수 있다. 다만 준비를 철저히 해야 좋은 때를 알아차릴 수 있다. 지금 배꼽시계가 자꾸 울리는구나. 어서 밥 먹자. 지금은 밥 먹을 때다."

모든 일에는 때가 있다. 기회를 놓치면 후회만 남는다. 때를 잘 잡는 사람이 성공할 수 있다. 인생을 바꿀 결정적인 순간은 철저히 준비하고 기다릴 때, 진득하게 기다릴 줄 아는 자에게 온다.

준비된 자에게 때는 온다

최명희 소설《혼불》에는 이런 대목이 나온다.

"기다리는 것도 일이니라.
일이란 꼭 눈에 띄게 움직이는 것만이 아니지.
이런 일이 조급히 군다고 되는 일이겠는가.
반개한 꽃봉오리 억지로 피우려고
화덕을 들이대랴, 손으로 벌리랴.
순리가 있는 것을."

윔블던 테니스장은 1년에 2주간을 사용하기 위해 1년 내내 잔디를 가꾼다. 올림픽 100m에 출전하는 선수들은 단 9초를 위해 4년을 달린다. 소설가 박경리는《토지》를

25년 동안 썼다. 4만 장의 원고지 속 등장인물은 600여 명에 달한다.

서두르거나 조급하게 달려들다간 실수하거나 손해를 입기 십상이다. 차분하게 그리고 가혹하리만큼 철저히 준비하고 때를 기다려야 한다. 빛은 언젠가 나를 향해 비춘다. 결코 먼 곳에서 등장하지 않고 어느 순간 생각지도 못한 가까운 곳에서 갑자기 찾아올 따름이다.

누구에게나 자신의 시간이 온다.

할 일과 하지 않아야 할 일을
구분하라

다이어트는 이제 하나의 트렌드가 된 것 같다. 그런데 살을 뺀다는 건 단지 저울의 바늘을 낮추는 것만을 의미하는 게 아니다. 감량은 과거의 자신을 버리고 새로운 나를 만들겠다는 강력한 의지라고 볼 수 있다. 이는 또한 더 나은 삶에 대한 애착이기도 하다.

우리가 줄여야 할 것이 어찌 살뿐이겠는가. 살뿐만 아니라 말도 줄여야 한다. 대화를 나눌 때나 남을 설득할 때 너무 많은 말을 하면 필요 없는 말이 섞여 나온다. 그러면 주제에서 벗어나기도 하고 말의 힘도 약해진다. 그러니 불필요한 말보다는 전하고자 하는 핵심만을 분명하게 전

달하는 연습이 필요하다.

　알베르트 아인슈타인 교수에게 한 학생이 물었다.

　"교수님 같은 위대한 과학자가 될 수 있는 비결이 무엇입니까?"

　그는 미소와 함께 대답했다.

　"입을 적게 움직이고 머리를 많이 움직이게."

　J. 에인젤은 미시간대학 총장을 지낸 인물이다. 대학 총장직은 10년도 오래했다고 볼 수 있지만, 그는 38년이라는 세월 동안 이를 수행했다. 은퇴가 다가오는 어느 날 그의 기자 회견이 열렸고 한 기자가 그에게 물었다.

　"오랫동안 그 어려운 총장 자리를 지킬 수 있었던 비결은 무엇입니까?"

그는 이렇게 대답했다.

"나팔보다 안테나를 높이는 데 있었습니다."

사람이 태어나서 말을 배우는 데는 3년이면 충분하다. 그러나 침묵을 배우기 위해서는 한평생이 걸린다. 말을 줄이면 행동이 늘어나고 그럼 더 많은 걸 성취할 수 있게 된다.

형식적인 것에서 탈피하라

일도 그렇다. 형식적인 겉치레나 불필요한 결재로 일의 효율성을 떨어뜨려선 안 된다. '청소 연구가'로 알려진 마쓰다 미쓰히로는 이렇게 말했다.

"청소력이 과연 무엇일까요? 여러분도 다 경험했으리라 생각합니다. 더러운 방, 난잡한 방에 있으면 기분이 네거티브하게 됩니다. 에너지가 분산되기 때문입니다. 정리가 잘 안되면 일의 능률도 떨어집니다.

더러운 부분을 깨끗이 하면 분산된 에너지가 다시 집중됩니다. 이 집중된 공간에서 일하거나 공부하면 효과가 더욱 올라갑니다. 우선 마이너스를 제거하는 청소력을 실천하십시오. 청소력과 마음의 법칙을 잘 활용하면 인생은 반드시 호전됩니다."

그가 제시한 청소력의 필수 요소는 다음과 같다.

• 버리기

쌓여 가는 서류와 명함, 책들을 버리면서 쓸모 있는 정보만 추려내라.

• 닦기

찌든 때를 말끔히 닦아 내면서 자신감만 남기고 분노와 후회는 털어 버려라.

• 정리 정돈

엉키고 뒤섞인 물건과 서류를 정돈하면서 일의 우선순

위를 바로잡아라.

지나침이 모자람보다 못하다는 말이 있다. 그릇에 물을 너무 많이 담으면 넘친다. 넘친 물로 인해 주위가 젖고 지저분해진다. 욕심은 불행으로 번지기 쉽다.

오늘부터라도 삶의 불필요한 부분을 줄여 나가는 건 어떨까? 버리는 것은 잃는 것이 아니다. 줄어든 부분은 그만큼 다른 가치들로 채워진다. 모든 것은 돌아온다.

변화를 위한 용기

홀가분한 삶은 그동안 느끼지 못했던 여유와 보지 못했던 가치를 준다.

장고 끝에
악수 둔다

바둑은 한 수 한 수가 참으로 중요하다. 바둑 기사들은 단 한 수를 두기 위해서도 수십 번씩 생각하고 또 생각한다. 그런데 자칫 승리를 목전에 두고 오래도록 궁리한 끝에 던진 한 수가 어긋나 경기에서 지고 마는 경우가 있다. 이를 두고 바둑에서는 '장고 끝에 악수 둔다'고 한다.

장고 끝에 악수를 두는 것을 생생히 보여 주는 실험 결과가 있다. 네덜란드 라드바우드대학 아프 데익스터 호이스 박사는 실험을 통해 순간적인 판단이 오히려 오래 고민한 끝에 내린 결정보다 더 나은 선택이 될 수 있다는 사실을 증명했다.

그는 자동차 구매자들을 두 그룹으로 나눴다. 그런 다음 A 그룹에게 자동차의 특징 12가지가 적힌 목록을 나눠 주고 15분 동안 꼼꼼히 살펴보도록 했다. B 그룹은 목록을 잠시 읽게 하다가 곧바로 퍼즐 게임을 시켜 관심을 다른 곳으로 돌리게 했다. 두 그룹에 보여 준 자동차 모델 중에는 다른 것에 비해 월등히 우수한 모델이 하나 껴 있었다.

15분 후 그는 두 그룹에게 자동차를 선택하도록 했다. 그런데 15분 동안 목록을 꼼꼼히 살펴본 A 그룹보다 목록을 잠깐 살펴보다 다른 데로 관심을 돌린 B 그룹이 우수한 차를 골라내는 비율이 높았다. 장고보다 직관이 더 강하다는 걸 여지없이 보여 준 결과다. 선택과 결정의 순간 직관은 우리도 모르는 사이에 엄청난 에너지를 판단에 사용한다.

자신의 직관을 믿어라

인간 의식에 관해 전 세계적으로 인정받는 전문가 삭티 거웨인은 이렇게 말했다.

"직관을 믿는다는 건 뭘까? 이것은 언제 어떤 상황에서나 순간적으로 사건과 사물에 대한 본능적인 감각에 따라 판단하고 행동한다는 것을 뜻한다. 때때로 이 본능적인 메시지는 원래의 계획과 모순되는 뜻밖의 조치를 취하라고 당신에게 명령할 수도 있고, 너무도 비논리적이라 생각되는 예감을 당신에게 믿으라고 강요할 수도 있다.

간혹 당신은 평소보다 감정에 휩쓸리는 듯한 느낌을 지울 수 없을 것이며, 평소의 신념에서 벗어나는 생각이나 느낌을 서슴없이 겉으로 드러낼 수도 있다. 그러나 직관은 꿈과 환상을 좇으면서 약간의 경제적 위험을 무릅쓰더라도 당신에게 중요한 것이라고 느껴지는 일을 과감하게 시도하게도 한다."

세계적인 경영 사상가이자 베스트셀러 작가인 말콤 글래드웰은 《블링크》에서 일상 속에서 느껴지는 직관의 기운에 대해 이렇게 말했다.

"뭐라 설명할 수는 없지만 처음 느꼈던 '감'이 정확히 들어맞았던 적이 있는가? 괜히 찜찜하게 느껴졌던 일들이 결국 큰 손해를 초래했던 적이 있는가? 촉박한 시간 안에 마무리해야 하는 산더미 같은 일을 섬광처럼 스치는 판단으로 처리해 본 적이 있는가? 자료를 뒤적여도 머리만 아프고 미궁에 빠진 것 같을 때 눈앞에 보이는 자료보다도 확실한 느낌을 찾은 적이 있는가?"

　실제로 우리는 일상생활에서 논리적이고 이성적인 잣대보다 어떤 막연한 느낌이나 감각에 의지해 판단할 때 더욱 명쾌하고 시원스럽게 일이 풀리는 것을 경험할 때가 있다. 이런 때가 바로 직관이 통하는 때다.

　물건을 사려고 하는데 사야 할지 말아야 할지 왠지 자꾸 망설여진다. 그럴 때 상품을 판매하는 사람은 온갖 달콤한 조건으로 당신을 유혹한다. 사탕발림에 당신의 마음은 흔들린다. 하지만 뭔가 찜찜한 기분에 결국 물건을 사지는 않는다.

　그렇게 물건을 사지 않고 시간이 지난 뒤 생각해 보면 그때 사지 않은 것이 참으로 다행이었음을 것을 알게 되기도 한다. 점원이 이야기하지 않은 부분에 하자가 있었다는 걸 알게 되거나, 다른 매장에 비해 가격이 터무니없이 비싸다는 걸 알게 되거나, 그로부터 얼마 지나지 않아 신상품이 출시된다든가 하는 일이 생기는 것이다. 만약 당신이 자신의 직관을 믿지 않고 물건을 샀다면 얼마 지나지 않아 이렇게 후회할지도 모른다.

"괜히 샀어. 그때 내 느낌을 믿을걸!"

변화를 위한 용기
때로는 과감하게, 때로는 신중하게 나의 판단에 믿음을 가져라.

하늘은 결코
쉽게 무너지지 않는다

　면접에서 떨어지면? 갑자기 가족이 아프면? 내가 좋아하는 사람이 나를 싫어하면? 우리는 다양한 순간에 다양한 걱정에 빠지곤 한다. 직장 문제, 가정 내 갈등, 재정 문제 같은 구체적인 상황에서부터 사회적 이슈나 예기치 못한 사건 같은 광범위한 염려까지 우리 마음을 괴롭힌다.

　철학자 마르틴 하이데거는 염려의 감정에 대해 이렇게 말했다.

　"우리는 끊임없이 미래를 향해 나아가고 그 과정에서 불확실한 미래에 대해 염려한다. 이 염려가 우리를 진정한 존재로 이끄는 중요한 계기다."

이처럼 걱정은 우리 삶에서 피할 수 없는 인간 존재의
본질적인 부분이다.

'설교의 황태자'라 불리는 찰스 스펄전은 처음으로 대중
앞에 서는 날이 다가오자 걱정에 휩싸였다. 수많은 생각
이 머릿속을 떠돌았다. '설교를 잘할 수 있을까? 사람들이
나를 어떻게 볼까?' 그의 마음은 불안과 긴장으로 가득 차
있었다. 날이 가까워질수록 차라리 병이라도 났으면 좋겠
다는 생각까지 들었다.

설교 당일 그는 무대에 서자마자 온몸이 긴장으로 굳었
다. 마이크를 잡은 그의 손은 떨리고 있었다. 머릿속은 하
얗게 변했다. 그 순간 그는 마음속 자신과 대화했다.

'설교 도중 나에게 일어날 수 있는 최악의 경우는 무엇
일까? 최악의 사태가 무엇이든 하늘이 무너지지는 않을
것이다.'

그 말이 그의 마음을 진정시켰다. 자신의 걱정이 얼마나 사소한지를 깨달았다.

걱정은 과도해지는 순간 아예 걱정하지 않을 때보다 더 부정적인 결과를 초래한다. 꼬리에 꼬리를 물고 오기 때문에 한번 꼬이면 쉽게 헤어나지 못한다. 판단력이 흐려지고 비합리적인 행동이 튀어나오기도 한다. 걱정은 우리의 사고를 제한하고 삶의 질을 떨어뜨리는 요인으로 작용하기 쉽다.

과도한 걱정의 늪에 빠지지 않기 위해서는 어떤 방법이 필요할까? "적을 알고 나를 알면 100번 싸워 100번 이길 수 있다"라는 말처럼 문제가 생기면 우선 객관적으로 분석할 필요가 있다.

무엇이든 객관적으로 보는 눈이 필요하다

・문제 유형

실제 문제: 즉시 해결할 필요가 있는 실제적인 문제.

가상의 문제: 현재로써는 발생하지 않았지만 미래에 일

어날 가능성을 염두에 두고 걱정하는 문제.

과거의 문제: 이미 해결된 문제에 대한 걱정이나 불안.

• 해결 가능성

해결 가능한 문제: 구체적인 해결책이 있는 문제.

해결 불가능한 문제: 외부 요인이나 상황으로 인해 해결할 수 없는 문제.

• 시간적 요소

단기적 상황: 즉시 해결해야 하거나 가까운 미래에 영향을 미치는 문제.

장기적 상황: 먼 미래에 영향을 미치거나 장기적으로 해결해야 할 문제.

• 지원의 여부

지원 가능한 문제: 도움을 통해 해결할 수 있는 문제.

지원 불가능한 문제: 필요한 지원이 부족한 문제.

세부 사항을 기준으로 걱정을 구분하면 걱정의 본질을 명확히 규정하고 보다 효과적으로 대응할 수 있다.

우리는 항상 내가 갖고 있는 문제가 지금 이 순간 해결할 수 있는 종류의 문제인지 곰곰이 생각할 수 있어야 한다. 사서 걱정하는 것은 아닐지, 그 일이 실제로 일어날 가능성은 얼마나 될지, 내가 통제할 수 없는 일을 걱정하는 것은 아닐지 계속해서 물음을 던져야 한다. 걱정만 하는 것은 아무 도움이 안 된다.

변화를 위한 용기

어떤 상황에서도 한 발 뒤로 물러서서 봐라.

거의 모든 답은
당신의 심장에 달려 있다

줄리아 버터플라이 힐은 1,000년이 넘은 삼나무 꼭대기에 올라가 있다. 오를 때는 몰랐지만 꼭대기에서 아래를 보니 풍경이 보이지 않을 정도였다. 무려 아파트 20층이 넘는 높이였다. 다리가 후들거렸지만 견뎠다. 그리고 그곳에 가로 180cm, 세로 240cm의 작은 오두막집을 지었다. 삼나무에 '루나'라는 이름도 지었다. 그녀가 삼나무 꼭대기에 올라간 이유는 벌목 위기에 처한 삼나무 숲을 지키기 위해서였다.

며칠 후, 목재 회사에서 나온 벌목공들이 큰 전기톱을 어깨에 짊어지고 나타났다. 벌목공들은 전기톱을 작동하며 험악한 분위기를 만들었다.

"아가씨, 좋은 말로 할 때 어서 내려와!"

그녀는 두려웠지만 자리에서 꼼짝도 하지 않았다.

"이 나무들은 수백 년을 지내며 이 숲을 이뤘어요. 그런데 이 숲을 하루아침에 모조리 없애 버린다니 그게 말이된다고 생각하세요? 자연은 우리에게 모든 것을 주지만우리는 자연을 위해 과연 무엇을 했나요? 절대 안 돼요."
"그래? 좋아. 네가 얼마나 버티는지 두고 보자."

그녀가 나무 위에서 내려오지 않자 목재 회사는 그녀를끌어낼 방법에 골몰했다. 어느 날, 엄청난 굉음과 함께 바람이 불기 시작했다. 집 지붕을 날려 버릴 정도로 무시무시한 위력을 가진 강력한 바람이었다. 그녀의 머리 위에헬리콥터 한 대가 떠 있었다. 그녀는 루나를 끌어안으며온 힘을 다해 버텼다. 너무나 무서운 나머지 아래로 떨어져 내릴까 생각도 했다.

날이 갈수록 그들의 공격은 노골적이었고 점점 강해졌다. 밤에 잠을 자려고 누웠는데 갑자기 자동차 경적을 울리기도 했다. 그녀는 며칠 동안 잠을 한숨도 자지 못했다. 결국 몸살로 드러누웠지만, 결코 내려가지는 않았다.

신념은 바람처럼 부드럽고 폭풍처럼 강력하다

어느덧 시간이 흘러 나무에서 생활한 지 2년이 지났다. 세상 사람들은 그녀의 진심을 알아주기 시작했다. 그리고 하나둘 루나 앞으로 모이기 시작했다.

사람들은 목재 회사에 항의 전화를 하고, 회사 앞에서 시위도 벌였다. 항의와 시위가 연일 계속되고 그녀가 나무에서 내려올 기미가 보이지 않자, 결국 목재 회사는 백기를 들 수밖에 없었다. 그녀가 나무에 올라간 지 738일 만의 일이다. 2년여 만에 나무 위에서 내려와 처음으로 땅을 밟았을 때, 그녀는 제대로 걸을 수도 없었다. 그동안 나무에서 지내느라 몸이 망가졌기 때문이다.

이후 그녀는 삼나무 숲을 지키고 많은 사람에게 환경

보호의 중요성을 알렸다는 공로로 뉴칼리지가 주는 명예 박사 학위를 받았다. 캘리포니아주는 환경의 소중함과 그녀의 업적을 기리고자 4월 2일을 '줄리아 버터플라이 힐의 날'로 지정하기도 했다. 60m 높이에서 738일을 버텼던 그녀의 당시 나이는 불과 22세였다.

　신념의 힘은 바람처럼 부드럽고 때로는 폭풍처럼 강력하게 우리의 삶을 이끌어 간다. "신념은 보이지 않는 힘이지만 그 힘은 모든 것을 가능하게 만든다"라는 마하트마 간디의 말처럼 신념은 우리를 움직이고 변화시키며 목표를 향해 나아가게 한다.

<hr>

변화를 위한 용기

어떤 순간에도 무너지지 않는 신념을 가져라.

있는 그대로
특별한 순간을 찾아서

세상은 종종 우리에게 완벽함을 요구한다. 완벽한 외모, 완벽한 능력, 완벽한 인간관계까지. 우리는 기대에 부응하기 위해 끊임없이 노력하지만 그럴수록 자신의 부족함을 더 뼈저리게 느끼게 된다.

'나는 왜 이 정도밖에 못할까?'
'나는 왜 좋은 조건으로 태어나지 못한 걸까?'

자조적인 질문들은 결국 자기 비하와 자존감 하락으로 이어진다. 이러한 사고방식은 우리의 진정한 가치를 곡해하며 삶의 본질을 놓치게 만든다.

"인간은 극복되어야 할 그 무엇이다! 그대들은 인간을 극복하기 위하여 무엇을 했는가? 지금까지 모든 존재는 자신을 뛰어넘어 무엇인가를 창조해 왔다."

철학자 니체는 우리의 약점과 결점을 인정하고 이를 극복함으로써 진정한 자아를 발견해야 함을 강조했다. 개인은 독특하고 고유한 경험을 지니고 있고, 자기 자신을 있는 그대로 받아들이는 용기가 필요하다. 외부의 기준에 흔들리지 않고 나의 불완전함을 있는 그대로 수용하고 그 속에서 나만의 가치를 만들어 내야 한다.

자신의 처지에 한탄하지 않고 있는 그대로의 모습으로 우뚝 선 주인공이 있다. 바로 세계적인 패션모델인 알렉 웩이다. 그녀는 샤넬, 크리스찬 디올, 아르마니 등 글로벌 명품 브랜드들의 런웨이를 휩쓴 모델이다.

그녀를 잘 모르는 사람들이라면, 그녀의 외모를 '하얗고 고운 피부, 머릿결 좋은 금발의 머리, 아름답고 고급스러운 얼굴'로 상상할지 모른다. 이런 이미지는 전형적인 아름다움의 기준을 반영한 것이다.

그러나 그녀는 칠흑 같은 피부, 지나치게 길쭉한 다리, 오리처럼 툭 튀어나온 엉덩이, 우스꽝스럽게 생긴 얼굴을 가졌다. 그녀는 패션모델로서의 단점을 다 가진 셈이다. 더군다나 좋은 환경에서 자라지도 못했다.

그녀는 아프리카 수단에서 태어나 내전으로 14세에 영국 런던으로 피난을 갔다. 난민 시설에서 힘든 나날을 보내던 중, 그녀의 삶을 바꿀 기회가 찾아왔다. 한 모델 에이전시의 눈에 띄어 스카우트된 것이다. 그녀의 불리한 조건은 종종 편견과 비난의 대상이 되기도 했다.

하지만 그녀는 타인의 시선에 개의치 않고 자신만의 길을 걸었다. 당시에는 아프리카계 톱 모델이 없었기 때문에 사람들은 그녀가 성공할 것이라 생각하지 않았다. 그러나 그녀는 마침내 아프리카계 모델 최초로 패션 잡지 〈엘르〉의 표지를 장식하며 이름을 알리기 시작했고, 그 후로는 세상의 중심에 우뚝 섰다. 그녀는 말한다.

"자신과 비슷한 사람 중 성공한 사람이 아무도 없다는 이유로 '난 못해'라고 단정 지어서는 안 돼요. 첫발을 내딛는 것을 두려워하지 마세요. 있는 그대로 나를 자신 있게 보여 주세요."

어떤 모습이든 사랑하는 방법

• 완벽함이란 환상에 속지 않기

대부분 사람은 사회가 제시하는 완벽함의 기준에 자신을 맞추려고 노력한다. 그러나 완벽한 사람은 존재하지 않는다. 오히려 우리의 부족함과 단점은 우리를 독특하게 만든다. 진정한 매력의 원천은 그런 것들에서 출발한다.

• 스스로 현실을 왜곡하지 않기

자기 자신을 비판하는 목소리가 우리 안에서 끊임없이 울려 퍼질 때가 있다. 하지만 이런 생각들은 현실을 왜곡한다. 실제로 우리는 그러한 비판이 제기하는 문제보다 훨씬 더 많은 가치를 지니고 있다. 그러므로 긍정적인 면을 찾고 그에 집중하는 훈련이 필요하다.

• 단점도 나의 일부임을 인정하라

단점은 숨겨야 할 대상이 아니라 그저 우리의 일부분일 뿐이다. 단점을 인정하고 받아들일 때 진정한 자기 수용에 도달할 수 있다. 당신의 단점과 치부는 무엇인가? 그것을 만천하에 공개하고 극복하라. 그리고 있는 그대로의 나로 담대하게 밀고 나가라.

변화를 위한 용기

나의 강점과 약점은 모두 소중한 자산이다.

인생은 내가 가진
보물을 찾는 여정이다

 바이올린 하나가 경매에 나왔다. 세상에 두 개밖에 없는 오래된 바이올린이었다. 치열한 경쟁 끝에 바이올린은 수억 원에 낙찰됐다. 그런데 경매를 낙찰받은 사람은 갑자기 바이올린을 망치로 마구 부수기 시작했다. 바이올린은 결국 형체를 알아볼 수 없을 지경에 이르렀고, 사람들은 그의 행동을 보고 수군거렸다.

"미친 사람 아니야?"
"저렇게 비싼 걸 왜 부수지?"
"돈 많다고 자랑하는 거야?"

잠시 뒤, 그 사람은 등 뒤에서 또 다른 바이올린을 꺼내며 말했다.

"이제 이 바이올린은 세상에서 단 하나뿐입니다. 가격이 지금보다 몇 배는 더 나가겠죠?"

유일하다는 건 존재만으로도 충분한 가치가 있다. 길섶에 핀 들꽃도, 백사장의 모래 알갱이도 가치가 있다. 당신역시 마찬가지다. 당신은 이 세상에 오직 하나다. 그러나중요한 건 각자의 고유한 재능과 가능성을 발휘하지 않는다면 특별함도 흐릿해진다는 것이다.
실존주의 철학자 사르트르는 이렇게 말했다.

"인간은 스스로 만들어 가는 것 이외에는 아무것도 아니다."

인간은 고유한 본성을 갖고 태어나는 것이 아니라 경험과 선택을 통해 자신을 조각한다. 내가 가진 소중한 보물은 무엇인지 우리는 인생을 걸고 찾아내야 한다.

어릴 때 돋보기를 이용해 태양열을 한곳으로 초점을 맞춰 종이를 태워 본 적 있을 것이다. 모을수록 더 강해지는 빛처럼 자신의 가치를 찾고 이를 그 누구도 범접할 수 없게 특화해야 한다. 한 가지 장점이 두각을 나타내다 보면 자신도 모르게 또 다른 장점들이 연이어 발견되고 그것 또한 제몫을 하게 된다.

지금 내가 가진 재주는 무엇이고 내가 아끼고 사랑할 사람은 누구이며 내가 이루고자 하는 꿈은 무엇인가를 찾아라. 그리고 누가 뭐래도 가장 중요한 것은 바로 나 자신임을 잊지 말아라. 나를 함부로 굴리지 않고 무작정 괴롭히지 않는 것이 최고의 가치를 끌어내는 출발점이자 다른 모든 일보다 우선시되어야 한다.

농구 선수와 감독으로 활약한 신화적 인물 존 우든이 이끌었던 전설적인 농구팀 UCLA는 12년 동안 88연승이라는 대기록을 세웠다. 그는 자신을 최고로 만드는 신조를 소개했는데, 그 중 몇 가지를 소개한다.

자신을 최고로 만드는 방법

• 자신에게 진실하라

우리는 종종 사회의 기대나 타인의 의견에 따라 행동한다. 그러나 이러한 외부의 압력에 휘둘리다 보면 진정한 나를 잃어버릴 수 있다. 자신에게 진실하기 위해서는 먼저 자신의 감정을 솔직하게 바라봐야 한다.

기쁘고 행복한 순간은 물론 슬프고 힘든 순간도 인정하는 것이 중요하다. 자기 이해는 우리가 진정으로 원하는 것과 필요로 하는 것이 무엇인지 파악하는 데 도움을 준다.

• 매일매일을 소중하게 여겨라

우리는 종종 미래를 걱정하고 과거를 후회하며 현재를 잊고 살아간다. 하지만 매일의 소중함을 인식할 때, 지금이 순간의 의미를 깨닫게 된다. 아침에 일어나 햇살을 느끼고, 사랑하는 사람과 대화를 나누는 일상에서 발견할 수 있는 순간들은 현재에 충실할 때 가치가 빛난다.

• 좋은 책을 정독하라

좋은 책은 사고를 확장한다. 다양한 주제와 장르의 책을 통해 우리는 타인의 사고를 이해하게 된다. 역사서로 과거의 사건을 배우고 소설로 다양한 인물의 감정을 느끼며 자기계발서로 자신을 돌아보게 된다.

• 비 오는 날을 위해 피난처를 만들어라

지치고 힘이 드는 순간을 위한 장소가 필요하다. 이는 단순히 물리적인 공간을 마련하는 것이 아니라, 안정과 관계의 깊이를 더하는 과정이자 삶의 변화를 받아들이는 태도를 기르는 일이다. 피난처는 우울을 극복할 힘을 주고 더 나아가 삶의 모든 날을 더욱 풍요롭게 만들어 준다.

변화를 위한 용기

나의 가치는 나로부터 출발한다.

나의 궤도에서
나만의 속도로 가라

현대 사회는 빠르게 변화하는 환경 속에서 더 많은 성과를 내기 위해 끊임없이 속도 경쟁을 벌이고 있다. 디지털 혁명은 속도 경쟁을 극대화시킨 주요 원인 중 하나다. 인터넷과 스마트폰의 보급으로 정보와 의사소통의 속도는 급격하게 빨라졌고, 이는 사람들에게 더 빠르게 반응하고 더 짧은 시간 안에 더 많은 일을 처리해야 한다는 압박감을 준다. 이러한 압박은 번아웃, 스트레스, 불안 등의 정신적 문제로 이어진다.

지나친 속도 경쟁에 잠시 브레이크를 건 아주 희한하고 흥미로운 대회가 있다. 영국의 시골 도시 콩햄에서 열리는 세상에서 가장 느린 경주 '달팽이 달리기 대회'다. 하늘은 흐리고 공기는 덥고 습하다. 150여 마리의 달팽이는 각자의 주인과 함께 출전 준비를 한다. 달팽이들보다 더 긴장한 것은 바로 그들의 주인들이다. 출발 신호와 함께 구령도 울려 퍼졌다.

"Ready, steady, slow!(준비하고, 꾸준하게, 느긋하게!)"

결승선까지의 한 걸음 한 걸음이 너무나도 느렸다. 하지만 그 느림 속에는 경이로움이 숨어 있다. 우승자에게 주어지는 상추 트로피는 단순한 상징이 아니다. 그것은 느림의 가치를 의미한다.

• 심리적 안정감

느리게 걸어가면 마음의 여유를 느낄 수 있다. 바쁜 일상 속에서 잠시 멈추고 주변을 바라보며 깊이 숨을 쉬는 행위는 스트레스를 줄이고 마음을 안정시키는 데 큰 도움이 된다. 이러한 심리적 안정감은 집중력을 높이고 더 나아가 자신의 감정을 이해하는 데도 기여한다.

• 세심한 관찰력

느리게 움직이면 주변의 작은 변화와 아름다움을 담을 수 있다. 쉽게 지나치는 풍경, 사람들의 표정, 자연의 소리 등을 세심하게 관찰할 수 있고 창의력과 문제 해결 능력을 향상시킬 뿐만 아니라 삶의 질도 높인다.

천천히 그러나 꾸준히

수많은 행성은 크기와 질량이 달라도 자기만의 궤도에서 자기만의 속도로 움직인다. 그 속도에는 비교나 우열이 존재하지 않는다. 자신의 종착지에 대한 확신과 믿음만 있다면 남들이 앞서가든 뛰어가든 상관없다. 일찍 서두른다고 해서 더 나은 것이 아니고 느리다고 해서 뒤처지는 것도 아니다. 제대로만 가면 된다.

생태주의의 선구자 헨리 데이비드 소로우는 이렇게 말한 바 있다.

"우리는 왜 성공을 향해 무모하게 덤벼드는가? 어떤 사람이 주변 사람들과 다르게 춤을 추고 있다면 그것은 다른 박자의 음악을 듣고 있기 때문이다. 그 박자가 느리든 멀리서 아련히 들리든 그가 듣고 있는 음악에 맞추어 춤을 출 수 있게 해라. 그가 사과나무나 떡갈나무만큼 빨리 성숙해야 할 이유는 없다."

당장 눈앞만 보면 걱정과 조급함이 태산과도 같지만 조금 멀리 보면 아무런 문제가 되지 않는다. 천천히 멈추지 않고 꾸준히 가자. 나의 궤도에서 나만의 속도로.

변화를 위한 용기

모두 각자의 방향과 속도가 있다.

강인한 정신력은
육체의 한계를 뛰어넘는다

중학생 때 시작해 80세가 넘도록 무려 65년 이상을 오직 야구에만 미쳐 있는 사람이 있다. 바로 야구의 신, 김성근 감독이다. 그는 여태 자신의 모토를 실천하며 살고 있다.

"현실과 타협하면 승리는 없다."

평생을 승패의 갈림길에서 하나만을 선택해야 하는 삶을 살아온 그는 어쩌면 이겨야 할 대상이 상대 팀이 아니라 정작 본인 자신이란 걸 깨달았는지 모르겠다. 그는 그 무엇과도 타협하지 않고 가야 할 길을 갔다. 건강마저도 타협하지 않았다. 그는 암 수술을 3번이나 했는데, 처음 암이 찾아온 건 쌍방울 감독 시절이었다.

"훈련 열심히들 하고 있어."

"감독님, 어디 가세요?"

"볼 일이 있어서 잠깐 다녀올게. 게으름 피우지 말고 잘들 해."

그가 향한 곳은 병원이었다. 병원에 간 그는 선수들과 구단에 알리지도 않고 신장암 수술을 받았다. 수술이 끝나자마자 지체 없이 몸을 일으켜 세웠다. 이런저런 의료 장비를 찬 불편한 몸으로 그는 100m나 되는 복도를 걷기 시작했다. 통증쯤이야 문제가 되지 않았다. 통증을 이겨내며 걷고 또 걸었다. 하루라도 빨리 야구를 다시 하고 싶었다.

하지만 시간이 지나 건강에 이상이 또 생겼다. 두 번째 암이었다. 이번에도 그는 역시 혼자서 병원을 찾았다. 괜히 아프다고 소문이 나면 팀의 사기에 큰 타격을 줄 거라는 생각 때문에 쉬쉬한 것이다. 심지어 가족에게도 알리지 않았다. 세 번째 암 역시 마찬가지였다. 혼자서 병원에 갔고 혼자서 수술대에 올랐다. 마취제가 온몸에 퍼져 정신이 혼미한 순간에도, 마취가 깨어나 가까스로 정신이 되돌아온 순간에도 그의 머릿속은 오직 하나뿐이었다. 바로 야구였다.

"이러고 있을 때가 아닌데… 야구장에 가 봐야 해."

피로 젖은 기저귀, 땀에 젖은 열정

수술 다음 날, 회복 기간도 없이 그는 병원을 뛰쳐나왔다. 아직 상처 부위가 아물지 않은 상황이었지만 나름의 방법을 찾아냈다.

"이 나이에 기저귀라니!"

어쩔 수 없었다. 그는 기저귀를 찼다. 그렇게 해서라도 경기장에 나가고 싶었다. 하루라도 감독이 보이지 않으면 선수들은 동요할 것이기 때문이었다.

경기장에 나온 그는 일단 수비수 위주로 고강도 훈련을 시작했다. 배트를 들고 내야수와 외야수에게 볼을 쳐 주며 수비 상태를 점검했다. 땅볼로 낮게 깔아 치기도 하고 아주 멀리 뜬공을 날리기도 했다. 그는 배트를 수백 번 휘둘렀다. 배트를 휘두를 때마다 통증이 엄습해 왔지만 이를 악물었다.

"현실과 타협하면 승리는 없어."

그런데 그만 사달이 났다. 너무나 무리한 탓인지 피가 콸콸 터진 것이다. 얼마나 많은 피를 흘렸는지 기저귀로도 감당이 안 될 지경이었다. 그는 어기적어기적 걸어 숙소로 향했다. 피의 무게 때문에 걷는 것조차 힘들었다. 가까스로 숙소에 도착했고 그는 곧바로 정신을 잃었다. 그리고 다음 날 역시 아무 일도 없다는 듯 다시 또 경기장에 나갔다. 지독해도 이리 지독할 수 있을까.

정신이 육체를 지배한다는 말이 있다. 정신적으로 강한 사람은 힘든 상황에서도 긍정적인 태도를 유지할 수 있다. 또한 강한 정신력은 개인의 열망과 목표를 추진하는 원동력이 된다. 정신이 무너지면 모든 것이 무너진다.

변화를 위한 용기

정신력은 무엇과도 바꿀 수 없는 삶의 무기다.